ABC-Freunde

Wörterbuch für die Grundschule 1-4

Von Stefan Nagel,
Gerhard Sennlaub,
Christine Szelenko,
Edmund Wendelmuth,
Ruth Wolt

Mit Bild-Wort-Lexikon Englisch

VOLK UND WISSEN

Inhaltsverzeichnis

Wie man mit dem Wörterbuch arbeitet 4

Wortschatz für den Anfangsunterricht 6
Bildwortschatz für den Anfangsunterricht 8
Anfangswortschatz 10

Erstes Wörterverzeichnis (2. Schuljahr) 22
Aufgaben:
Wie man im Wörterbuch nachschlägt 24
Wörterverzeichnis 38

Zweites Wörterverzeichnis (3./4. Schuljahr) 80
Aufgaben: Wie man alle Wörter findet 82
Wörterverzeichnis 90

Cc 

Dd 

Gg 

Hh 

Kk 

Ll 

Oo 

Pp 

Ss 

Tt 

Xx 

 Yy

Zz 

WAIT!

Wörter und Sätze **240**
Wortfelder **242**
Wortfamilien **246**
Wissenswertes über Wortarten **249**
Wissenswertes über Sätze **254**
Wissenswertes über Laute, Buchstaben,
Silben und Wörter (Aufgaben) **258**
Regeln und Tipps für richtiges Schreiben
(Aufgaben) **261**
Lauttabelle für türkische und russische Kinder **270**

Englisch **272**
Bild-Wort-Lexikon **274**
Wörterverzeichnis **298**

Lösungen zu den Aufgaben **303**

Wie man mit dem Wörterbuch arbeitet

Du findest in deinem Wörterbuch:
1. Wörterverzeichnis (für die 2. Klasse, grüner Rand)
2. Wörterverzeichnis (für die 3./4. Klasse, orangefarbener Rand)

In einem Wörterverzeichnis sind alle Wörter nach ihren Anfangsbuchstaben alphabetisch geordnet.
Die **fett gedruckten Wörter** heißen **Stichwörter**. Lies beim Aufsuchen von Wörtern zuerst nur die Stichwörter.

Im **ersten Wörterverzeichnis** erkennst du wichtige Wortarten an der Farbe:
Substantive/Nomen sind blau: **der Abend**
Verben/Tätigkeitswörter sind rot: **singen**
Adjektive/Eigenschaftswörter sind grün: **groß**

Dieses Zeichen heißt: Suche dir ein Partnerkind. Ihr dürft die Aufgaben zusammen lösen und euch gegenseitig helfen.

Hinter manchen Wörtern findest du einen Pfeil. Er rät dir, noch an einer anderen Stelle nachzuschlagen.

fand ↗ finden

Im **zweiten Wörterverzeichnis** findest du hinter manchen Wörtern eine kurze Erklärung in Klammern.

die Esche (ein Laubbaum), die Eschen

Die dünnen Striche bei den Stichwörtern zeigen dir, wo du ein Wort trennen kannst:

das Ge|wit|ter   das Ge-wit-ter

Manchmal bekommst du einen Hinweis auf ein Wort, das so ähnlich klingt:

die Lerche (Singvogel), *aber:* ↗ die Lärche

Im Teil „Wörter und Sätze“ findest du folgende Zeichen:

 Schreibe etwas auf.

 Tipp

REGEN

Wortschatz für den Anfangsunterricht

Bildwortschatz für den Anfangsunterricht **8**

Anfangswortschatz **10**

Aa 

Bb 

Ee 

Ff 

Ii 

Jj 

Mm 

Nn 

Qu qu 

Rr 

Uu  

Vv 

Ww 

Cc 

Dd 

Gg 

Hh 

Kk 

Ll 

Oo 

Pp 

Ss 

Tt 

Xx 

Yy 

Zz 

alle	alle
am	am
an	an
auf	auf
aus	aus
das Auto	das Auto
bauen	bauen
der Baum	der Baum

das	das
der	der
die	die
du	du
ein	ein
das Eis	das Eis
die Ente	die Ente
er	er

fahren	fahren
gehen	gehen
geht	geht
groß	groß
haben	haben
der Hase	der Hase
hat	hat
das Haus	das Haus

helfen	helfen
holen	holen
holt	holt
hören	hören
ich	ich
im	im
in	in
ist	ist

ja	ja
der Junge	der Junge
kann	kann
kaufen	kaufen
das Kind	das Kind
die Kinder	die Kinder
klein	klein
lachen	lachen
laufen	laufen

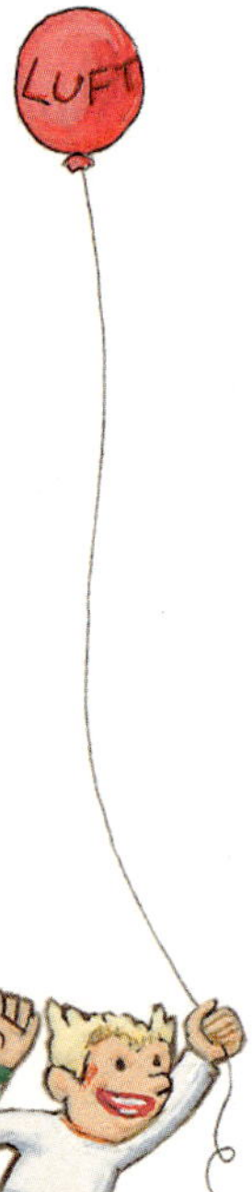

laut	laut
leise	leise
lernen	lernen
lesen	lesen
machen	machen
das Mädchen	das Mädchen
die Mama	die Mama
malen	malen
malt	malt

mein	mein
mich	mich
mir	mir
mit	mit
möchten	möchten
die Mutter	die Mutter

nein	nein
nicht	nicht
noch	noch
nun	nun
die Oma	die Oma
der Opa	der Opa
der Papa	der Papa
die Puppe	die Puppe

rechnen	rechnen
rennen	rennen
rot	rot
rufen	rufen
ruft	ruft
sagen	sagen
sagt	sagt
schreiben	schreiben
schön	schön

die Schule	die Schule
sein	sein
sie	sie
sind	sind
spielen	spielen
spielt	spielt
teilen	teilen
teilt	teilt
das Tier	das Tier

und	und
der Vater	der Vater
viel	viel
der Vogel	der Vogel
von	von
vor	vor
was	was
das Wasser	das Wasser

weiß	weiß
wer	wer
wir	wir
wo	wo
wollen	wollen
will	will
wünschen	wünschen
zu	zu
zum	zum
zur	zur

A B C D E F G H I J K L M N O P Q R S T U V W X Y Z
ABC-LESEN TUT NICHT WEH.

Erstes Wörterverzeichnis

2. Schuljahr

Aufgaben: Wie man im Wörterbuch nachschlägt **24**

Wörterverzeichnis **38**

Aufgaben:

Wie man im Wörterbuch nachschlägt

1. Lerne das ABC auswendig. Übe es in diesen Buchstabengruppen:

A B C D E F G   H I J K L M N O P

Q R S T U V W   X Y Z

2. In welcher Buchstabengruppe steht der Buchstabe?

1. A   2. O   3. Z   4. R

Schreibe jedes Mal die ganze Zeile.

So: 1. ABCDEFG 2. …

3. Welche drei Buchstaben stehen danach?

1. D   2. A   3. C   4. B

Schreibe so: 1. D E F G

2. …

4. Welche beiden Buchstaben stehen davor?

1. G   2. C   3. E   4. D   5. F

Schreibe so: 1. E F G

2. …

5. Welche drei Buchstaben stehen danach?

1. H   2. K   3. J   4. I

Schreibe so: 1. H I J K und so weiter.

6. Welche beiden Buchstaben stehen davor?

1. J   2. N   3. K   4. M   5. L

Schreibe so: 1. H I J und so weiter.

7. ABC-Test

Sprich das ABC so schnell, wie du kannst.
Kontrolliere mit dem Sekundenzeiger einer Uhr.
Beurteile dein Ergebnis selbst:

– mehr als 15 Sekunden:	Du kannst noch nicht zufrieden sein. Übe jeden Tag weiter.
– 12 bis 15 Sekunden:	Herzlichen Glückwunsch! Du bist schon gut.
– 8 bis 12 Sekunden:	Du bist besonders gut!
– unter 8 Sekunden:	Du bist reif für die Weltmeisterschaft!

8. Welcher Buchstabe steht davor, welcher danach?

1. C 2. F 3. D 4. E 5. B
6. I 7. M 8. K 9. J 10. L

Schreibe so: 1. B C D
2. E F G und so weiter.

9. Welche drei Buchstaben stehen danach?

1. T 2. S 3. Q 4. R

Schreibe so: 1. T U V W und so weiter.

10. Welche beiden Buchstaben stehen davor?

1. W 2. U 3. S 4. T 5. V

Schreibe so: 1. U V W und so weiter.

11. Welcher Buchstabe steht davor, welcher steht danach?

1. G 2. N 3. U 4. H 5. O 6. V

Schreibe so: 1. F G H und so weiter.

12. Ordne diese Namen nach den Anfangsbuchstaben:
Daniela, Alessandra, Claudia, Beate, Frank, Elli, Georg

Schreibe so: Alessandra, Beate, Claudia …

(Die Lösung steht auf Seite 303.)

13. Ordne diese Namen nach den Anfangsbuchstaben: Giovanna, Lisbeth, Jan, Nadine, Inge, Katrin, Mehmet

Schreibe so: Giovanna, Inge, Jan … (↗ S. 303)

14. Ordne diese Familiennamen nach den Anfangsbuchstaben: Wagner, Meier, Lehmann, Seiler, Posser, Zander

Schreibe so: Lehmann, Meier … (↗ S. 303)

15. Auto, Finger, Nase, Wind, Bauch, Luft, Radio, Hund, Großeltern, Opa

Mache dir eine ABC-Liste und ordne die Wörter ein:

A Auto
B Bauch
C
D
E
F Finger

und so weiter (↗ S. 303)

16. Benutze von nun an das erste Wörterverzeichnis.
Es sind die Seiten mit den grünen Streifen.
Auf welcher Seite stehen die Wörter, die mit
C, J, U, Q, N, I, O, V anfangen?
Schreibe so: C: Seite 44
J: …

17. Auf welcher Seite stehen die Wörter, die mit
Fi, Scho, I, Ve, Zo, No, El, O und Ga anfangen?
Von nun an kannst du immer das Wort „Seite"
und den Doppelpunkt weglassen.
Schreibe so: Fi 49 …

18. Auto, Bett, Fuß, Gespenst, Haus, Katze, Zimmer,
Luft, Mund, Name, Wind, Papa
Diese Wörter sind nach dem ABC geordnet.
Zwei sind falsch eingeordnet. Ordne sie richtig ein
und schreibe alle.
So: Auto, Bett …
Lass ein Partnerkind kontrollieren.

19. Mache dir eine ABC-Liste und ordne die folgenden Wörter ein: Puppe, Radio, Bett, Hand, Gemüse, Zahn, Ferien, Mädchen, Dorf, Jahr
Schreibe dann alle zehn Wörter noch einmal mit Kommas hintereinander.
So: Bett, Dorf … (↗ S. 303)

20. Auf welcher Seite im Wörterbuch stehen die Wörter, die mit Ab, Mi, Ra, Ke, Os, X, Pr, Di, Co und Za anfangen? Schreibe so: Ab 38 …

21. Suche im Wörterbuch die Namen von Tieren, die so anfangen:
Ka, Fi, I, El, Ha, P, V, Ma
Schreibe mit Seitenzahl: Katze 56 …

22. Suche diese Wörter und schreibe sie mit Seitenzahl:
Milch, Heft, Dorf, Stein, Wald, Torte, Flasche, Jahr, Topf
Schreibe so: Milch 60 …

23. Ordne diese Wörter nach dem ABC. Kannst du es ohne ABC-Liste?
EIS, KINO, LEHRERIN, NAMEN, PAPA, ZUG, ORT
Wenn die Wörter richtig geordnet sind, ergeben die letzten Buchstaben das Lösungswort, wenn du sie hintereinander schreibst. (↗ S. 303)

24. Wie heißt das erste Wort im Wörterbuch, das so anfängt: El, Za, V, Ra, We, Ta, Sa, Qua, Li, Scho?
Schreibe so: Elefant, Zahl …

25. Angst, Zwiebel, Wurst, Ball, Wolf, Blatt, Wasser, Mutter, Satz, Schwester
Schreibe diese Wörter mit Seitenzahl:
Angst 38 …

26. Schreibe alle Monatsnamen mit der Seitenzahl:
Januar 55, Februar 48 …

27. Wie heißt das letzte Wort im Wörterbuch, das so anfängt:
bl, zw, Bu, Zi, De, We, Am, Wa, Ei, vo, Fe, u, fo, Te?
Schreibe so: bluten, zwölf …

28. Suche im Wörterbuch die Namen von Sachen, die man essen oder trinken kann. Sie fangen so an:
Ka, Qu, Bo, Scho, Ku, Wu, Te, Mi
Schreibe mit Seitenzahl: Kaffee 55 …

29. Welche Namenwörter im Wörterbuch fangen mit I und J an?

30. Ordne diese Wörter nach dem ABC. (Kannst du das ohne Liste?)
Quatsch, Puppe, Regen, Treppe, Suppe, Uhr, Zahn, Wind
Schreibe so: Puppe … (↗ S. 303)

31. Suche die Namen von Körperteilen, die so anfangen: Fi, Ba, Ko, Be, Fu
Schreibe mit Seitenzahl. (↗ S. 303)

32. Wie heißt das letzte Wort im Wörterbuch, das so anfängt: Pi, ge, s, sp, gu, He, ru, J, re, pf?
Schreibe so: Pizza …

33. Das alles gibt es an deinem Körper oberhalb der Brust:

Au___, O____, Ha__, Ha___, Mu__, Ko__, N___

Schreibe mit Seitenzahl: Augen 39 … (↗ S. 303)

34. Auch Wörter, die alle mit dem gleichen Buchstaben anfangen, kannst du nach dem ABC ordnen. Dann kommt es nicht auf den ersten, sondern auf den zweiten Buchstaben an.

Ente, Eber, Erde, Eheleute, Esel, Efeu, Eisen, Elli, Ekel

Lege eine Tabelle an und schreibe die Wörter dazu:

E a	
E b	er
E c	
E d	
E e	
E f	eu
E g	

und so weiter (↗ S. 303)

35. Ober, Ohr, Ofen, Onkel, Oma, Ort, Osten, Otto, Ozean

Lege eine Tabelle an und ordne die Wörter ein:

O a

O b e r

c

d

e

O f e n

und so weiter (↗ S. 303)

36. Ordne nach dem ABC:

Ampel, Abend, Affe, Ball, Blume, Berg, Brille, Ding, Dezember

Schreibe so: Abend …

Lass ein Partnerkind kontrollieren.

37. Auf welcher Seite im Wörterbuch stehen die Wörter, die mit An, Wo, Ar, To, Br, Schr, Do und Sche anfangen?

Schreibe so: An 38 …

38. Auf welcher Seite im Wörterbuch stehen die Wörter, die mit Gl, ri, in, Me, en, üb, Er, Fl und ko anfangen?
Schreibe so: Gl 51 …

39. Ordne nach dem ABC:
Decke, Donnerstag, Dezember, Eule, Eimer, Ente, Geschenk, Flugzeug, Ferien
Schreibe so: Decke … (↗ S. 303)

40. Zwei dieser Seitenzahlen sind falsch. Schreibe nur die zwei Wörter, bei denen die Seitenzahl nicht stimmt.
Schrank 68, Brief 43, Löffel 58, Brot 72, Donnerstag 45, Kino 56, Flasche 39

41. Alle Wortpaare stehen auf einer Seite. Nur zwei nicht. Welche? Schreibe die beiden Paare ins Heft.

Fisch – Flügel	Tier – Torte	Glas – Gras
Wind – Woche	Pizza – Puppe	Katze – Kleid
Blume – Boot	Holz – Hund	Krone – Kuchen
Apfel – Arzt	Maus – Minute	Haut – Herbst

42. Suche Wörter, die sagen, wie Kinder sein können.
Sie fangen so an: br, gr, kr, li, di, fr, fr, kl, lu
Schreibe so: braun … (↗ S. 303)

43. Achtung: ä ist wie a eingeordnet, ö wie o, ü wie u und äu wie au; ä, ö, ü und äu sind so sortiert, als hätten sie nicht ihre Umlaut-Pünktchen.
Ordne nach dem ABC:
Apfel, Auge, Ärztin, Bäcker, Bein, brechen, böse, Kleid, Käfer, Körper
Schreibe so: Apfel …
Lass von einem Partnerkind kontrollieren.

44. Alle diese Wörter stehen im Wörterbuch.
Nur drei haben sich dazwischengemogelt.
Schreibe nur diese drei.
Feuer, Wand, übrig, schön, immer, halb, Chor, Kaninchen, Zitrone, Treppe, Nagel, Brot, Flügel, schwach, oft, Eisen (↗ S. 303)

45. Suche Namen von Sachen aus dem Wörterbuch, die aus Metall sind. Sie fangen so an: Am, To, Ba, U, Bu, Me, Schl, Au, Ce
Schreibe so: Ampel … (↗ S. 303)

46. Welche dieser Wörter schreibt man groß?
Das Wörterbuch sagt es dir.
MUT, ANGST, WIND, ANTWORT, FREITAG, STUNDE, LUFT, HUNGER, JUNI, ANDERE
Schreibe die Wörter, die man großschreibt.

(↗ S. 303)

47. Bei diesen Wörtern fehlen die schwierigsten Buchstaben. Schreibe sie richtig. Manchmal musst du auch zwei Buchstaben einsetzen.
Flugzeu__, hoffen__lich, die Sta__, kapu__, jeman__, schwar__, trauri__, das Kal__

48.

Schreibe die Namen mit Seitenzahl.

49. Schreibe mit Seitenzahl:
beten, wünschen, gewinnen, trinken, spielen, irren, schreien, setzen, kennen, regnen
So: beten 41 …

50. Bus, Freundin, Wind, Holz, Stadt, Baum, Lehrerin, Brief

Wie heißen mehrere?

Schreibe so: der Bus, die Busse …

Kontrolliere mit dem Wörterbuch.

51. Suche Namen für Früchte und Gemüse im Wörterbuch. Sie fangen so an:

Bi, Mö, An, Ba, Zi, Or, Be, Ma, Ra, To

52. Rechnen mit Wörtern

Schlage die Namen der Dinge nach. Schreibe dir die Seitenzahlen auf. Rechne die Aufgaben.

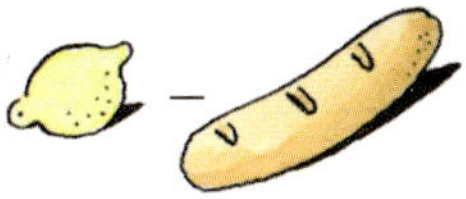

79 – 43 =

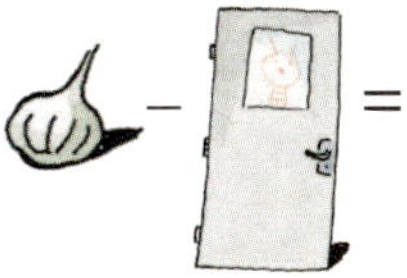

A B C D E F G H I J K L M N O P Q R S T U V W X Y Z

A

ab, abfahren, abholen

der **Abend**, heute Abend, abends, von morgens bis abends

aber

acht, achtzehn, achtzig

das **Adjektiv**, die Adjektive

der **Affe**, die Affen

alle, alles

allein

als, größer als ich

also

alt, ein alter Baum, er ist älter als ich

am, am Abend

die **Ampel**, die Ampeln

die **Amsel**, die Amseln

an, anfassen, anrufen, anziehen

die **Ananas**

andere, der andere, die anderen, etwas anderes

ändern, ich ändere, sie ändert

anders

der **Anfang**, anfangen

die **Angst**, ängstlich

die **Antwort**, die Antworten

antworten, ich antworte, er antwortet, er antwortete

der **Apfel**, die Äpfel
die **Apfelsine**,
die Apfelsinen
der **April**
die **Arbeit**,
die Arbeiten
arbeiten,
ich arbeite,
sie arbeitet,
sie arbeitete
der **Arbeiter**,
die Arbeiter
die **Arbeiterin**,
die Arbeiterinnen
der **Arm**, die Arme
arm, ein armer
Mann
der **Arzt**, die Ärzte
die **Ärztin**,
die Ärztinnen
aß ↗ essen
der **Ast**, die Äste

auch
auf, aufräumen,
aufschreiben
die **Aufgabe**,
die Aufgaben
aufpassen,
ich passe auf,
er passt auf,
er passte auf
das **Auge**, die Augen
der **August**
aus, ausschlafen,
aussteigen,
aussuchen
das **Auto**, die Autos

B

das **Baby**, die Babys
der **Bach**, die Bäche
backen, ich backe, sie backt, sie backte
der **Bäcker**, die Bäcker
das **Bad**, die Bäder
baden, ich bade, er badet, er badete
die **Bahn**, die Bahnen
bald, bald kommen
der **Ball**, die Bälle
die **Banane**, die Bananen
die **Bank**, die Bänke
der **Bär**, die Bären
basteln, ich bastle, sie bastelt, sie bastelte
der **Bauch**, die Bäuche
bauen, ich baue, er baut, er baute
der **Bauer**, die Bauern
die **Bäuerin**, die Bäuerinnen
der **Baum**, die Bäume
die **Beere**, die Beeren
beginnen, ich beginne, sie beginnt, sie begann
bei, bei der Arbeit
beide, diese beiden
beim, beim Schreiben
das **Bein**, die Beine
das **Beispiel**, die Beispiele
beißen, ich beiße, er beißt, er biss

bekommen,
ich bekomme,
sie bekommt,
sie bekam
der **Berg**, die Berge
der **Bericht**,
die Berichte
berichten,
ich berichte,
er berichtet,
er berichtete
berichtigen,
ich berichtige,
sie berichtigt,
sie berichtigte
die **Berichtigung**,
die Berichtigungen
besonders
besser

der **Besuch**,
die Besucher
besuchen,
ich besuche,
er besucht,
er besuchte
beten, ich bete,
sie betet, sie betete,
das Gebet
das **Bett**, die Betten
der **Beutel**, die Beutel
sich **bewegen**,
ich bewege mich,
er bewegt sich,
er bewegte sich
bezahlen,
ich bezahle,
sie bezahlt,
sie bezahlte
die **Bibliothek**,
die Bibliotheken

A
B
C
D
E
F
G
H
I
J
K
L
M
N
O
P
Q
R
S
T
U
V
W
X
Y
Z

die **Biene**, die Bienen
das **Bild**, die Bilder
billig,
billige Schuhe
bin, ich bin froh
binden, ich binde,
er bindet, er band
die **Birne**, die Birnen
bis, bis morgen
warten
biss ↗ beißen
bisschen,
ein bisschen
bist, du bist klug
die **Bitte**, bitte
bitten, ich bitte,
sie bittet, sie bat
das **Blatt**, die Blätter
blau, ein blaues
Kleid

bleiben, ich bleibe,
er bleibt, er blieb
blühen, es blüht,
die Frühblüher
die **Blume**, die Blumen
das **Blut**, blutig
die **Blüte**, die Blüten
bluten, ich blute,
sie blutet,
sie blutete
der **Boden**, die Böden
die **Bohne**, die Bohnen
das **Boot**, die Boote
böse, ein böser
Hund
brach ↗ brechen
brannte
↗ brennen

brauchen,
ich brauche,
er braucht,
er brauchte

braun,
ein brauner Bär

brechen,
ich breche,
sie bricht, sie brach

brennen,
es brennt,
es brannte

bricht ↗ brechen

der **Brief**, die Briefe,
die Briefmarken

die **Brille**, die Brillen

bringen,
ich bringe,
er bringt,
er brachte

das **Brot**, die Brote,
das Brötchen

der **Bruder**, die Brüder

brummen,
sie brummt,
sie brummte

das **Buch**, die Bücher

der **Buchstabe**,
die Buchstaben

bunt, ein buntes
Tuch

der **Bus**, die Busse

die **Butter**

C

der **Cent**, die Cents
der **Chor**, die Chöre
der **Christbaum**, die Christbäume
das **Christkind**
der **Clown**, die Clowns
die **Cola**
der **Computer**, die Computer

D

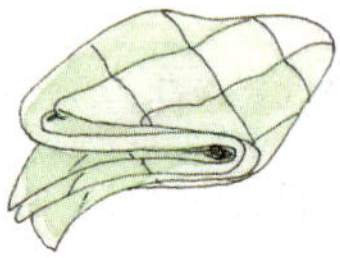

da
dabei, dabei sein
dachte ↗ denken
dafür
damit
danken, ich danke, er dankt, er dankte, danke
dann
daran, daran denken
darauf, sich darauf freuen
darf ↗ dürfen
darüber, darüber sprechen
darum, darum bitten
das

davon, davon träumen

dazu, sie ist dazu bereit

die **Decke**, die Decken

decken, ich decke, er deckt, er deckte

dein, deine Eltern

dem, dem Opa helfen

den, den Ball holen

denen, ich schaue denen zu

denken, ich denke, sie denkt, sie dachte

denn

der

deutsch, deutsch sprechen, auf Deutsch

der **Dezember**

dich, er ruft dich

dick, ein dickes Buch

die

dienen, ich diene, er dient, er diente

der **Dienstag**

diese, diese Straße, dieser Platz, dieses Haus

das **Ding**, die Dinge

dir, sie helfen dir

doch

der **Donnerstag**

das **Dorf**, die Dörfer

dort, sie wartet dort

draußen

drei, dreizehn, dreißig

A B C D E F G H I J K L M N O P Q R S T U V W X Y Z

drüben

drücken, ich drücke, du drückst, er drückt, er drückte

du

dumm, ein dummer Streich

dunkel, dunkle Straßen, ein dunkler Keller

dünn, ein dünner Stoff

durch, durch den Park gehen

dürfen, ich darf, sie darf, sie durfte

E

das **Ei**, die Eier

die **Eiche**, die Eichen

die **Eichel**, die Eicheln

das **Eichhörnchen**, die Eichhörnchen

eilen, ich eile, er eilt, er eilte

der **Eimer**, die Eimer

ein, eine Frau, einen Arzt rufen

einer

einfach, eine einfache Aufgabe

einige, einige Tage

einmal, noch einmal schreiben

eins, es ist halb eins

einzeln

das **Eis**

der **Elefant**, die Elefanten

elf

die **Eltern**

das **Ende**, die Enden

endlich

eng, eine enge Hose

die **Ente**, die Enten

er

die **Erde**

erklären, ich erkläre, sie erklärt, sie erklärte

erschrecken, ich erschrecke, du erschrickst, er erschrickt, er erschrak

erst, erst heute

erste, der erste Schnee, mein erstes Buch, die ersten Plätze

erzählen, ich erzähle, sie erzählt, sie erzählte

es, es regnet

essen, ich esse, er isst, er aß

das **Essen**, das Mittagessen

etwas, etwas abholen

euch, ich sehe euch

euer, euer Garten, eure Wohnung

die **Eule**, die Eulen

der **Euro**, die Euros

ewig

A B C D E **F** G H I J K L M N O P Q R S T U V W X Y Z

F

die **Fahne**, die Fahnen

fahren, ich fahre, sie fährt, sie fuhr, das Fahrrad

fallen, ich falle, er fällt, er fiel

falsch, das ist falsch

die **Familie**, die Familien

fand ↗ finden

fangen, ich fange, sie fängt, sie fing

fassen, ich fasse, er fasst, er fasste

fast

der **Februar**

die **Feder**, die Federn

fehlen, ich fehle, sie fehlt, sie fehlte

der **Fehler**, die Fehler

die **Feier**, die Feiern

feiern, ich feiere, er feiert, er feierte

fein, feine Wolle, feiner Sand

der **Feind**, die Feinde

das **Feld**, die Felder

das **Fenster**, die Fenster

die **Ferien**

fernsehen, ich sehe fern, sie sieht fern, sie sah fern, das Fernsehen

der **Fernseher**, die Fernseher

fertig, es ist fertig

das **Fest**, die Feste

fest, fest schlafen

das **Feuer**, die Feuer

fiel ↗ fallen

finden, ich finde, er findet, er fand

fing ↗ fangen

der **Finger**, die Finger

der **Fisch**, die Fische

die **Flasche**, die Flaschen

das **Fleisch**

fliegen, ich fliege, sie fliegt, sie flog

fließen, es fließt, es floss

der **Flügel**, die Flügel

das **Flugzeug**, die Flugzeuge

folgen, ich folge, er folgt, er folgte

fort, ich fahre fort

fragen, ich frage, sie fragt, sie fragte

fraß ↗ fressen

die **Frau**, die Frauen

frech, ein frecher Junge

der **Freitag**

fremd, ein fremder Mann

fressen, das Tier frisst, es fraß

die **Freude**

sich **freuen**, ich freue mich, er freut sich, er freute sich

der **Freund**, die Freunde

die **Freundin**, die Freundinnen

freundlich

der **Frieden**, friedlich

frisch, frisches Brot

froh, ein frohes Fest

A B C D E **F** **G** H I J K L M N O P Q R S T U V W X Y Z

der **Frosch**, die Frösche
die **Frucht**, die Früchte
früh, morgen früh, früher
der **Frühling**
der **Fuchs**, die Füchse
fühlen, du fühlst, sie fühlt, sie fühlte
fuhr ↗ fahren
füllen, du füllst, er füllt, er füllte
der **Füller**, die Füller
fünf, fünfzehn, fünfzig
für
der **Fuß**, die Füße

G

gab ↗ geben
die **Gans**, die Gänse
ganz, es ist ganz schön
der **Garten**, die Gärten
geben, ich gebe, sie gibt, sie gab
die **Geburt**, die Geburten
der **Geburtstag**, die Geburtstage
die **Gefahr**, die Gefahren
gefährlich, der gefährliche Weg
gegen
gehen, ich gehe, er geht, er ging
der **Geist**, die Geister

gelb, gelbe Blumen
das **Geld**
das **Gemüse**
genau, die Uhr geht genau
gerade, ein gerader Weg
gern, er liest gern
das **Geschäft**, die Geschäfte
das **Geschenk**, die Geschenke
die **Geschwister**
das **Gesicht**, die Gesichter
das **Gespenst**, die Gespenster
gestern, gestern Abend
gesund, gesunde Nahrung

gewann ↗ gewinnen
gewesen
gewinnen, ich gewinne, sie gewann
gibt ↗ geben
gießen, du gießt, er goss
ging ↗ gehen
glatt, die glatte Fläche
das **Glas**, die Gläser
glauben, ich glaube, sie glaubt, sie glaubte
gleich, er kommt gleich wieder, das gleiche Kleid
das **Glück**, sie hat Glück

A B C D E F **G** **H** I J K L M N O P Q R S T U V W X Y Z

das **Gold**, die goldene Krone

goss ↗ gießen

das **Gras**, die Gräser

grau, graues Haar

greifen, ich greife, er greift, er griff

groß, ein großer Baum, der Baum ist größer

die **Großeltern**, die Großmutter, der Großvater

grün, ein grünes Auto

die **Gruppe**, die Gruppen

der **Gruß**, die Grüße

grüßen, du grüßt, sie grüßte

gut, ein guter Rat

H

das **Haar**, die Haare

haben, ich habe, er hat, ihr habt, sie hatte

der **Hahn**, die Hähne

halb, halb voll, ein halbes Brot

half ↗ helfen

der **Hals**, die Hälse

halten, ich halte, du hältst, er hält, er hielt

die **Hand**, die Hände

hart, ein hartes Brot

der **Hase**, die Hasen, das Häschen

hast, du hast Pech

hat, sie hat Glück

hatte,
er hatte Glück
hätte,
sie hätte gern
das **Haus**, die Häuser
zu **Hause**, er ist zu
Hause/zuhause
die **Haut**, die Häute
heben, ich hebe,
sie hebt, sie hob
das **Heft**, die Hefte
heiß, heißes
Wasser
helfen, ich helfe,
er hilft, er half
hell, ein heller Tag
her, hin und her
laufen
heraus, sie kam
heraus

der **Herbst**
der **Herr**, die Herren
das **Herz**, die Herzen
heute,
heute Mittag,
heute Abend
die **Hexe**, die Hexen
hielt ↗ halten
hier, ich warte hier
hilft ↗ helfen
der **Himmel**
hin, hin und
her fahren
hinaus, er ging
hinaus
hinein, sie gehen
in den Saal hinein
hinten, er wartet
hinten im Hof
hinter, hinter
der Tür

A B C D E F G **H** I J K L M N O P Q R S T U V W X Y Z

A B C D E F G **H I** J K L M N O P Q R S T U V W X Y Z

hoch, der Turm ist hoch, ein hoher Turm

hob ↗ heben

der **Hof**, die Höfe

hoffen, ich hoffe, sie hofft, sie hoffte

hoffentlich

holen, ich hole, er holt, er holte

das **Holz**, die Hölzer

hören, ich höre, sie hört, sie hörte

die **Hose**, die Hosen

das **Huhn**, die Hühner

der **Hund**, die Hunde

hundert

der **Hunger**, hungrig

I

ich, du und ich

der **Igel**, die Igel

ihm, ihm helfen

ihn, ihn sehen

ihnen, ihnen begegnen

ihr, ihre Jacke, ihren Hund füttern

im, im Bad

immer, er ist immer noch krank

in, in der Schule

innen, innen und außen

ins, ins (in das) Haus gehen

sich **irren**, ich irre mich, er irrte sich

isst, er isst auf

ist, es ist kalt

J

ja, ja oder nein
das **Jahr**, die Jahre, die Jahreszeiten
der **Januar**
jeder, jeder Vater, jede Mutter, jedes Kind
jemand
jetzt, jetzt ist sie da
der **Juli**
jung, eine junge Frau
der **Junge**, die Jungen
der **Juni**

K

der **Käfer**, die Käfer
der **Kaffee**
das **Kalb**, die Kälber, das Kälbchen
der **Kalender**, die Kalender
kalt, ein kalter Wind
die **Kälte**
kam ↗ kommen
kann ↗ können
kannte ↗ kennen
kaputt
die **Kartoffel**, die Kartoffeln
die **Kasse**, die Kassen
die **Kassette**, die Kassetten
die **Kastanie**, die Kastanien

A B C D E F G H I J **K** L M N O P Q R S T U V W X Y Z

der **Kasten**, die Kästen
die **Katze**, die Katzen, das Kätzchen
kaufen, ich kaufe, sie kauft, sie kaufte
der **Keim**, die Keime
kein, er hat kein Geld, es war keiner da
der **Keller**, die Keller
kennen, ich kenne ihn, er kennt ihn, er kannte ihn
das **Kind**, die Kinder
das **Kino**, die Kinos
klar, klares Wasser
die **Klasse**, die Klassen
das **Kleid**, die Kleider
klein, ein kleiner Baum
klingen, es klingt
kochen, ich koche, sie kocht, sie kochte
der **Koffer**, die Koffer
kommen, ich komme, er kommt, er kam
der **König**, die Könige
die **Königin**, die Königinnen
können, ich kann, sie kann, sie konnte
der **Kopf**, die Köpfe
der **Körper**, die Körper
kosten, es kostet viel Geld, ich koste die Suppe, er kostet, er kostete

krank, ein krankes Tier

kriegen, ich kriege, du kriegst, sie kriegt, sie kriegte

die **Krone**, die Kronen

die **Küche**, die Küchen

der **Kuchen**, die Kuchen

der **Kuckuck**, die Kuckucke

die **Kuh**, die Kühe

kühl, kühles Wetter

kurz, eine kurze Hose

L

lachen, ich lache, er lacht, er lachte

lag ↗ liegen

die **Lampe**, die Lampen

lang, eine lange Zeit

langsam, ein langsames Auto

las ↗ lesen

lassen, ich lasse, sie lässt, sie ließ

das **Laub**

laufen, ich laufe, er läuft, er lief

laut, ein lauter Knall

leben, du lebst, sie lebte, das Leben

A B C D E F G H I J K L M N O P Q R S T U V W X Y Z

leer, ein leeres Glas

legen, ich lege, er legt, er legte

der **Lehrer**, die Lehrer

die **Lehrerin**, die Lehrerinnen

leicht, leichte Schuhe

leiden, ich leide, sie leidet, sie litt

leise, leise sprechen

lernen, ich lerne, er lernt, er lernte

lesen, ich lese, sie liest, sie las

letzter, die letzte Stunde

die **Leute**

das **Lexikon**, die Lexika

das **Licht**, die Lichter

lieb, es ist mir lieber

lieben, ich liebe, er liebt, er liebte

das **Lied**, die Lieder

lief ↗ laufen

liegen, ich liege, sie liegt, sie lag

ließ ↗ lassen

liest ↗ lesen

linke, sein linker Fuß, ihr linkes Bein

links, von links nach rechts gehen

litt ↗ leiden

der **Löffel**, die Löffel

los, er riss sich los

die **Luft**, die Lüfte

lustig, eine lustige Geschichte

M

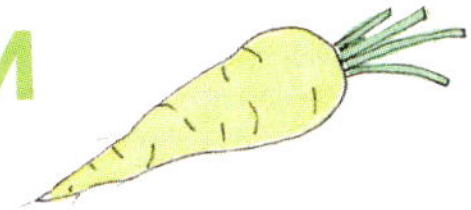

machen, ich mache, sie macht, sie machte

das **Mädchen**, die Mädchen

mag ↗ mögen

der **Mai**

mal, noch mal

malen, ich male, er malt, er malte

die **Mama**, die Mamas

man, so macht man es

manche, manche Kinder

manchmal, manchmal bin ich traurig

die **Mandarine**, die Mandarinen

der **Mann**, die Männer

das **Märchen**, die Märchen

die **Marke**, die Marken, die Briefmarke

der **März**

die **Maus**, die Mäuse, ein Mäuschen

das **Meer**, die Meere

mehr, sie möchte mehr Geld

mehrere, mehrere Kinder kommen

mein, mein Bruder, meine Schwester

die **Meise**, die Meisen

sich **melden**, ich melde mich, er meldete sich

A B C D E F G H I J K L **M** N O P Q R S T U V W X Y Z

die **Menge**, die Mengen

der **Mensch**, die Menschen

merken, ich merke, sie merkt, sie merkte

messen, ich messe, er misst, er maß

das **Messer**, die Messer

der **Meter**, die Meter, das Metermaß

mich, sie kennt mich

die **Milch**

die **Minute**, die Minuten

mir, er schrieb mir

misst ↗ messen

mit, mit dem Fahrrad fahren

der **Mittag**

die **Mitte**, die Mitte des Monats

der **Mittwoch**

mochte ↗ mögen

möchte, sie möchte ins Kino

mögen, ich mag dich, er mag sie, er mochte sie

möglich

die **Möhre**, die Möhren

der **Monat**, die Monate

der **Montag**

morgen, morgen früh, morgen Mittag, morgen Abend

der **Morgen**, heute Morgen war es kalt

müde, ein müdes Kind

der **Müll**, die Mülltonne

der **Mund**, die Münder

die **Musik**

müssen, ich muss, sie muss, sie musste

der **Mut**, mutig

die **Mutter**, die Mütter

die **Mutti**, die Muttis

N

nach, nach Hause/ nachhause gehen

der **Nachmittag**, die Nachmittage

nächste, das nächste Mal

die **Nacht**, die Nächte

nah, nahe am Fluss, er kam näher

nahm ↗ nehmen

der **Name**, die Namen, nämlich

nannte ↗ nennen

die **Nase**, die Nasen

nass, nasses Gras

der **Nebel**

neben, neben mir

nehmen, ich nehme, er nimmt, er nahm

A B C D E F G H I J K L **M** **N** O P Q R S T U V W X Y Z

A B C D E F G H I J K L M **N O** P Q R S T U V W X Y Z

nein, ja oder nein

nennen, ich nenne, sie nennt, sie nannte

das **Nest**, die Nester

neu, ein neues Lied

neun, neunzehn, neunzig

nicht, er konnte nicht kommen

nichts, der Hund tut dir nichts

nie, nie wieder

niemand, niemand kommt

nimmt ↗ nehmen

noch, er ist noch krank

die **Not**

der **November**

nun

nur

O

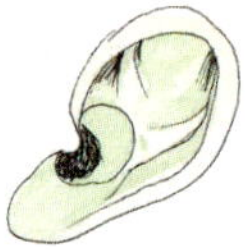

oben, ganz oben

das **Obst**

oder

offen, eine offene Tür

oft, sie kam oft

ohne, ohne Mütze

das **Ohr**, die Ohren

der **Oktober**

die **Oma**, die Omas

der **Onkel**, die Onkel

der **Opa**, die Opas

die **Orange**, die Orangen

ordentlich

ordnen, ich ordne, er ordnet, er ordnete

die **Ordnung**

der **Ort**, die Orte

Ostern

P

das **Päckchen**, die Päckchen, aber: das Paket

packen, ich packe, sie packt, sie packte

der **Papa**, die Papas

das **Papier**

passen, das Kleid passt, es passte

die **Pause**, die Pausen

das **Pferd**, die Pferde

Pfingsten, das Pfingstfest

die **Pflanze**, die Pflanzen

pflanzen, ich pflanze, er pflanzt, er pflanzte

pflegen, ich pflege, du pflegst, sie pflegte

die **Pizza**, die Pizzen oder: die Pizzas

der **Plan**, die Pläne

der **Platz**, die Plätze

plötzlich

die **Pommes** (frites)

die **Post**, das Postauto

das **Poster**, die Poster

der **Preis**, die Preise

prüfen, ich prüfe, er prüft, er prüfte

der **Punkt**, die Punkte

die **Puppe**, die Puppen

putzen, ich putze, sie putzt, sie putzte

A B C D E F G H I J K L M N O P **Q** **R** S T U V W X Y Z

Qu

quaken,
der Frosch quakt,
er quakte

quälen, ich quäle
keine Tiere,
er quält sie nicht,
er quälte sie nicht

der **Quark**

der **Quatsch**

quatschen,
du quatschst,
sie quatschte

quer, quer über
die Straße gehen

quieken,
das Schwein
quiekt, es quiekte

R

das **Rad**, die Räder

das **Radieschen**,
die Radieschen

das **Radio**, die Radios

rannte ↗ rennen

rasch, rasche
Schritte

raten, ich rate,
du rätst, sie rät,
sie riet

der **Raum**, die Räume

rechnen,
ich rechne,
er rechnet,
er rechnete

der **Rechner**,
die Rechner

recht, die rechte
Seite

rechts, von rechts nach links laufen

reden, ich rede, sie redet, sie redete

der **Regen**

regnen, es regnet, es regnete

das **Reh**, die Rehe

reich, ein reiches Land

die **Reihe**, die Reihen

der **Reis**

die **Reise**, die Reisen

reisen, ich reise, er reist, er reiste

reißen, das Papier reißt, es riss

reiten, du reitest, sie reitet, sie ritt

rennen, du rennst, er rennt, er rannte

richtig, ein richtiges Ergebnis

riechen, ich rieche, es riecht, es roch

rief ↗ rufen

riet ↗ raten

der **Ring**, die Ringe

riss ↗ reißen

roch ↗ riechen

rollen, sie rollt, sie rollte

der **Roller**, die Roller

rosa, ein rosa Kleid

rot, ein roter Ball

rufen, ich rufe, er ruft, er rief

rund, ein runder Tisch

A B C D E F G H I J K L M N O P Q R **S** T U V W X Y Z

S

die **Sache**, die Sachen
der **Saft**, die Säfte
sagen, ich sage, sie sagt, sie sagte
sah ↗ sehen
der **Samen**, die Samenkörner
der **Samstag**
der **Sand**
sang ↗ singen
sank ↗ sinken
saß ↗ sitzen
satt, ich bin satt
der **Satz**, die Sätze
sauber, ein sauberes Zimmer
scharf, scharfer Senf
der **Schatz**, die Schätze
schauen, ich schaue, er schaut, er schaute
scheinen, die Sonne scheint
schenken, ich schenke, sie schenkt, sie schenkte
die **Schere**, die Scheren
schicken, ich schicke ein Paket, er schickt, er schickte
schief, ein schiefes Haus
schien ↗ scheinen
das **Schiff**, die Schiffe

schlafen,
ich schlafe,
sie schläft,
sie schlief

schlagen,
ich schlage,
er schlägt,
er schlug

schlau, ein
schlauer Fuchs

schlecht,
schlechtes Essen

schlief ↗ schlafen

schließen,
sie schließt,
sie schloss

der **Schlitten**,
die Schlitten

schloss
↗ schließen

das **Schloss**,
die Schlösser

schlug ↗ schlagen

der **Schluss**

der **Schlüssel**,
die Schlüssel

schmecken,
es schmeckt,
es schmeckte

schmücken,
er schmückt,
er schmückte

schmutzig, ein
schmutziges Kleid

die **Schnecke**,
die Schnecken

der **Schnee**

schneiden,
du schneidest,
sie schneidet,
sie schnitt

schneien,
es schneit, es
schneite

A B C D E F G H I J K L M N O P Q R **S** T U V W X Y Z

schnell,
ein schnelles Pferd

schnitt
↗ schneiden

die **Schokolade**

schon, er ist schon da

schön, schönes Wetter,
am schönsten

der **Schrank**,
die Schränke

schreiben,
ich schreibe,
er schreibt,
sie schrieb

schreien,
ich schreie,
du schreist,
sie schreit,
sie schrie

schrie ↗ schreien

schrieb
↗ schreiben

der **Schuh**, die Schuhe

die **Schule**,
die Schulen

der **Schüler**,
die Schüler

die **Schülerin**,
die Schülerinnen

die **Schüssel**,
die Schüsseln

schwach, ein schwacher Arm

schwamm
↗ schwimmen

der **Schwanz**,
die Schwänze

schwarz, ein schwarzer Bär

schwer,
ein schwerer Stein

die **Schwester**, die Schwestern

schwimmen, ich schwimme, er schwimmt, er schwamm

sechs, sechzehn, sechzig

der **See**, viele Seen

die **See** (= Meer)

sehen, ich sehe, du siehst, sie sieht, sie sah

sehr, sehr gut

seid, ihr seid fleißig

die **Seife**, die Seifen

das **Seil**, die Seile

sein, wir werden da sein

sein, seine Kinder

seit, seit gestern

die **Seite**, die Seiten

selbst

selten, ein seltener Vogel

senden, ich sende einen Brief, er sendet, er sendete

der **September**

sich **setzen**, ich setze mich, sie setzt sich, sie setzte sich

sich, er wäscht sich

sicher, ein sicheres Ergebnis

sie, sie läuft, sie laufen, aber: sieh mal an ↗ sehen

sieben, siebzehn, siebzig

siegen, ich siege, sie siegt, sie siegte

siehst ↗ sehen

A B C D E F G H I J K L M N O P Q R **S** T U V W X Y Z

sieht ↗ sehen
sind, alle sind da
singen, ich singe, er singt, er sang
sinken, das Schiff sinkt, es sank
sitzen, ich sitze, sie sitzt, sie saß
so, so ein Tier, so etwas
der **Sohn**, die Söhne
sollen, ich soll, er soll, er sollte
der **Sommer**
der **Sonnabend**
die **Sonne**
der **Sonntag**
die **Spagetti**
der **Spaß**, die Späße
spät, es ist spät
sperren, die Polizistin sperrt die Straße, sie sperrte sie
das **Spiel**, die Spiele
spielen, ich spiele, er spielt, er spielte
spitz, ein spitzes Messer
der **Sport**
sprach ↗ sprechen
sprang ↗ springen
sprechen, ich spreche, du sprichst, sie spricht, sie sprach
springen, ich springe, er springt, er sprang
die **Stadt**, die Städte

der **Stall**, die Ställe
der **Stamm**, die Stämme
stand ↗ stehen
stark, ein starker Regen
stecken, du steckst, sie steckt, sie steckte
stehen, ich stehe, er steht, er stand
steigen, ich steige, sie steigt, sie stieg
der **Stein**, die Steine
stellen, ich stelle, er stellt, er stellte
der **Stern**, die Sterne
stieg ↗ steigen
der **Stift**, die Stifte
still, ein stiller Ort
der **Stoff**, die Stoffe
stolz, ein stolzer Pfau
der **Storch**, die Störche
die **Straße**, die Straßen
der **Streit**
streiten, ich streite mich, sie streitet sich, sie stritt sich
die **Stube**, die Stuben
das **Stück**, die Stücke
der **Stuhl**, die Stühle
die **Stunde**, die Stunden
das **Substantiv**, die Substantive
suchen, ich suche, er sucht, er suchte
die **Suppe**, die Suppen
süß, süßer Tee

A
B
C
D
E
F
G
H
I
J
K
L
M
N
O
P
Q
R
S
T
U
V
W
X
Y
Z

T

die **Tafel**, die Tafeln
der **Tag**, die Tage
die **Tanne**, die Tannen
die **Tante**, die Tanten
die **Tasche**, die Taschen
die **Tasse**, die Tassen
tat ↗ tun
der **Tee**, eine Tasse Tee
der **Teddy**, die Teddys
der **Teil**, die Teile
teilen, ich teile, sie teilt, sie teilte
das **Telefon**, die Telefone
der **Teller**, die Teller
teuer, ein teures Geschenk
der **Text**, die Texte

tief, ein tiefer Brunnen
das **Tier**, die Tiere
der **Tisch**, die Tische
die **Tochter**, die Töchter
toll, ein tolles Erlebnis
die **Tomate**, die Tomaten
der **Topf**, die Töpfe
die **Torte**, die Torten
tot, ein totes Tier
traf ↗ treffen
tragen, ich trage, er trägt, er trug
trank ↗ trinken
trat ↗ treten
der **Traum**, die Träume

träumen, du träumst, sie träumt, sie träumte

traurig, eine traurige Nachricht

treffen, ich treffe, er trifft, er traf

treiben, ich treibe die Schafe, er treibt sie, er trieb sie

trennen, ich trenne, sie trennt, sie trennte

die **Treppe**, die Treppen

treten, ich trete, du trittst, er tritt, er trat

treu, ein treuer Hund

trieb ↗ treiben

trifft ↗ treffen

trinken, ich trinke, sie trinkt, sie trank

trocken, ein trockenes Hemd

trug ↗ tragen

das **Tuch**, die Tücher

tun, ich tue es, du tust es, er tut es, er tat es

die **Tür**, die Türen

turnen, ich turne, sie turnt, sie turnte

die **Tüte**, die Tüten

A B C D E F G H I J K L M N O P Q R S T **U V** W X Y Z

U

üben, ich übe, er übt, er übte

über, über die Brücke gehen

überall

übrig, übrig haben

die **Übung**, die Übungen

die **Uhr**, die Uhren

um, um die Wette laufen

und, du und ich

der **Unfall**, die Unfälle

uns, mit uns

unser, unsere Küche

unten, unten im Schrank

unter, unter dem Tisch

V

der **Vater**, die Väter

der **Vati**, die Vatis

das **Verb**, die Verben

vergaß ↗ vergessen

vergessen, ich vergesse, sie vergisst, sie vergaß

der **Verkehr**

verlieren, ich verliere, er verliert, er verlor

verstand ↗ verstehen

verstehen, ich verstehe, sie versteht, sie verstand

viel, viele Blumen
vielleicht
vier, vierzehn, vierzig
der **Vogel**, die Vögel
voll, ein volles Glas
vom, vom Morgen bis zum Abend
von, von unten nach oben
vor, vor der Tür
vorbei
vorher
vorn, vorn an der Tafel
der **Vorname**, die Vornamen

W

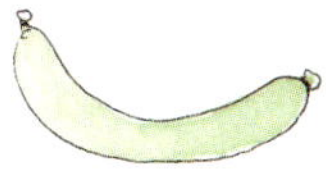

wachsen, du wächst, er wächst, er wuchs
der **Wagen**, die Wagen
wahr, die Wahrheit
der **Wald**, die Wälder
die **Wand**, die Wände
wann; Wann kommst du?
war, ich war, er war zu Hause, ihr wart, sie waren
wäre, es wäre schön
warf ↗ werfen
warm, eine warme Stube

A B C D E F G H I J K L M N O P Q R S T U V **W** X Y Z

warnen, ich warne ihn, sie warnt, sie warnte

warten, ich warte, er wartet, er wartete

was; Was willst du sagen?

waschen, ich wasche, du wäschst, sie wäscht, sie wusch

das **Wasser**

der **Weg**, die Wege

weg, sie ist weg

wegen, wegen ihr

wehtun, es tut ihm weh

weich, weicher Stoff

Weihnachten, das Weihnachtsfest, der Weihnachtsbaum

weil, weil ich krank bin

weinen, ich weine, er weint, er weinte

weiß, weißes Mehl

weiß, ich weiß es ↗ wissen

weit, ein weiter Rock

weiter, wir gingen weiter

welcher; Welcher Tag ist heute?

wem; Wem gibst du den Apfel?

wen; Wen hast du gesehen?

wenig, wir hatten wenig Zeit
wenn, wenn du früher kommst
wer; Wer ist da?
werden, ich werde, du wirst, sie wird, sie wurde, sie ist größer geworden
werfen, du wirfst, er wirft, er warf
das **Wetter**
wie, weiß wie Schnee
wieder, es nicht wieder tun
die **Wiese**, die Wiesen
wild, ein wildes Tier
will ↗ wollen
der **Wind**, die Winde
der **Winter**
wir, wir alle, wir beide
wird ↗ werden
wirft ↗ werfen
wirst ↗ werden
wissen, ich weiß, sie weiß, sie wusste
wo; Wo treffen wir uns?
die **Woche**, die Wochen
wohnen, ich wohne, er wohnt, er wohnte
die **Wohnung**, die Wohnungen
der **Wolf**, die Wölfe
die **Wolke**, die Wolken

A B C D E F G H I J K L M N O P Q R S T U V **W X Y** Z

wollen, ich will,
sie will, sie wollte
das **Wort**, die Wörter
wuchs ↗ wachsen
die **Wunde**,
die Wunden
wünschen,
du wünschst,
er wünscht,
er wünschte
wurde ↗ werden
die **Wurst**, die Würste
die **Wurzel**,
die Wurzeln
wusch ↗ waschen
wusste ↗ wissen
die **Wut**, wütend

X

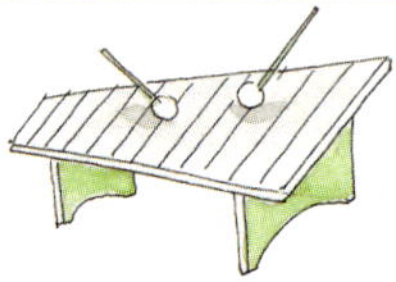

das **Xylofon**,
die Xylofone

Y

das **Ypsilon**
(Buchstabe: Y)

Z

die **Zahl**, die Zahlen
zahlen, ich zahle, sie zahlt, sie zahlte
zählen, ich zähle, er zählt, er zählte
der **Zahn**, die Zähne
die **Zehe**, die Zehen
zehn, zehn Jahre
zeichnen, ich zeichne, sie zeichnet, sie zeichnete
zeigen, ich zeige, er zeigt, er zeigte
die **Zeit**, die Zeiten
ziehen, ich ziehe, sie zieht, sie zog
das **Zimmer**, die Zimmer
die **Zitrone**, die Zitronen
zog ↗ ziehen
der **Zoo**, die Zoos
zu, zu spät kommen, zu viel
der **Zucker**
der **Zug**, die Züge
zum, zum Bahnhof fahren
zur, zur Schule gehen
zurück
zusammen
zwanzig
zwei, zwei Birnen
die **Zwiebel**, die Zwiebeln
zwischen, zwischen ihnen
zwölf

GEFUNDEN!

Zweites Wörterverzeichnis

3./4. Schuljahr

Aufgaben: Wie man alle Wörter findet **82**

Wörterverzeichnis **90**

Aufgaben:

Wie man alle Wörter im Wörterbuch findet

Das kannst du schon: Wenn die ersten Buchstaben gleich sind, ordnen wir nach dem zweiten. Wenn aber auch die gleich sind? Dann ordnen wir eben nach dem dritten Buchstaben.

Beispiel:

a			
b			
c	Da	c	kel
d	da	d	urch
e			
f	da	f	ür
g	da	g	egen
h	da	h	eim

Und wenn die dritten Buchstaben gleich sind, ordnen wir die Wörter nach ihren vierten Buchstaben.

1. Schreibe eine ABC-Liste und ordne ein:
   Backe, Bagger, Bahn, baden, Barren, bald, Bast, Bayern, Banane, Bauer (Lösung ↗ S. 303)

2. Ordne diese Wörter in eine ABC-Liste:
   Latte, Laden, lachen, lahm, Lack, Lappen, Lager, lang, lassen, Lampe (↗ S. 303)

3. Ein Wort ist falsch eingeordnet. Welches?
   Kahn, Kamel, Kanne, Kasse, Kopf, Kupfer, krank, Kreis
   Schreibe nur das falsch eingeordnete Wort. (↗ S. 303)

4. Quark, quer, passen, Rübe, Rücken, rudern, rufen, rund, ruhig, Rummel, schwarz, schwer
Zwei Wörter sind falsch eingeordnet. Welche? Schreibe nur die beiden falsch eingeordneten Wörter. (↗ S. 303)

5. Bank, Batterie, Barsch, Christ, Dame, Deich, Dieb, Dialekt, Fessel, Dynamo
Ordne diese Wörter nach dem ABC.
Schreibe so: Bank … (↗ S. 303)

6. Im zweiten Wörterverzeichnis wird die Einzahl (der Singular) der Wörter zuerst genannt. „Häuser“ findest du also unter „Haus“. Das Wort „Aufträge“ steht unter „Auftrag“.
Suche im Wörterverzeichnis und schreibe mit Seitenzahl:
Bänke, Symbole, Fabriken, Substantive, Eulen, Quellen, Vorräte, Matratzen, Zwiebäcke, Termine

7. Suche im Wörterbuch und schreibe mit Seitenzahl:
Schlösser, Journalisten, Etuis, Architekten, Expeditionen, Schürzen, Lektionen, Dirigenten, Unterkünfte, Rosinen

8. Es gibt viele Wörter mit einer Vorsilbe. Zum Beispiel: angucken, wegnehmen. Manche stehen im Wörterbuch. Aber für alle ist natürlich kein Platz. Du musst also solche Wörter ohne ihre Vorsilbe suchen. Beispiel: Suche nicht „wegnehmen“, sondern „nehmen“. (Das Wörtchen „weg“ findest du natürlich auch, wenn du das brauchst.)
Suche und schreibe mit Seitenzahl:
auszählen, wegschmeißen, abholen, durchnehmen, ausschimpfen, abschießen, runterspringen, durchschlüpfen, abgucken
Schreibe so: auszählen – Seite …

9. Im Wörterbuch sind alle Hauptstichwörter **fett** gedruckt. Aber hinter vielen Hauptstichwörtern gibt es auch Nebenstichwörter. Viele Wörter, die du suchst, sind Nebenstichwörter. Sobald du beim Suchen eine ähnliche Wortform findest, musst du auch auf die Nebenstichwörter achten.
ausnahmsweise, Druckerei, verdächtig, chinesisch, Bügeleisen, durchschnittlich, schlängeln
Schreibe jedes Wort mit der Seitenzahl.
So: ausnahmsweise – Seite …

10. krümeln, totenstill, Schwimmbad, fiebern, Begrüßung, zwecklos, Dummheit, unterschiedlich
Schreibe jedes Wort mit der Seitenzahl.

11. Suche und schreibe mit Seitenzahl:
vorfahren, abbiegen, feststampfen, abrollen, ausklopfen, überziehen, anschreiben, ausblicken, losmarschieren, einklemmen
Schreibe so: vorfahren – Seite …

12. Von diesen Seitenzahlen sind zwei falsch. Welche?
Plaketten – S. 181; Flüsse – S. 127; Satelliten – S. 191; Operationen – S. 177; Knirpse – S. 156; Giraffen – S. 135; Portionen – S. 182; Ponys – S. 180; Gläser – S. 135
Schreibe alle Wörter mit der richtigen Seitenzahl. Mogle einen Fehler dazwischen. Frag dein Partnerkind, ob es ihn findet. (↗ S. 303)

13. Eine einzige Seitenzahl ist richtig. Welche?
abschaffen – S. 191; aufschließen – S. 198; unterpflügen – S. 128; einbrechen – S. 104; ausquetschen – S. 184; auszahlen – S. 234; abstellen – S. 215; aufschütten – S. 198
Schreibe so: abschaffen – Seite … (↗ S. 303)

14. Sehr viele Wörter sind aus zwei Wörtern zusammengesetzt. Zum Beispiel: Kuhstall. Man schlägt die Wörter getrennt nach. „Kuhstall“ steht nicht im Wörterbuch. Aber „Kuh“ und „Stall“.
Bierglas, Flussbrücke, Autobatterie, Baggersee, Brillenetui, Kloßbrühe
Suche und schreibe jedes Mal beide Seitenzahlen.
So: Bierglas – Seiten … und …

15. Das Wort „Dosenöffner“ ist aus „Dose“ und „Öffner“ zusammengewachsen. Und das Substantiv „Öffner“ stammt von dem Verb „öffnen“ ab. Auch solche Wörter wie „Dosenöffner“ kann man meist nur getrennt finden.
Ballonfahrer, Klammeraffe, Bohrmaschine, Büchsenöffner, Diamantenschleifer
Schreibe so: Ballonfahrer – Seiten … und …

16. In dieser Liste sind zwei Fehler. Findest du sie?
Stadionsprecher (206 und 205), abklemmen (154), Bienenkönigin (105 und 157), Brüllaffe (108 und 91), durchbohren (105), Pyramiden (183), Werkzeugmaschine (229 und 167) Schreibe alle Wörter mit den richtigen Seitenzahlen.
(↗ S. 303)

17. Wenn du das Wort „schnitt“ suchst, musst du bei der Grundform „schneiden“ nachsehen.
schnitt, brachte, schlief, aß, rief, gestohlen, fuhr, gesessen, gegessen
Suche im Wörterbuch und schreibe beide Wortformen.
So: schneiden, schnitt – Seite … (↗ S. 303)

18. Rechnen mit Wörtern
Tierarzt, Zirkusclown, Musikinstrument, Tigerdompteur, Sturmflut
Suche für jedes zusammengesetzte Wort beide Seitenzahlen. Rechne mit diesen Zahlen eine Minus-Aufgabe.
So: Tierarzt, Tier Arzt
214 – 95
Zirkusclown … (↗ S. 303)

19. ging, fraß, schrie; Iss!, riss, geschossen; Wirf!, las, trug, gebissen, es gilt
Suche die Grundformen im Wörterbuch und schreibe so:
gehen, ging – Seite …

20. Topfpflanze, sie nahm, abgeholt, Eintrittsgeld; Sieh mal!, Fuchsjagd
Schreibe jedes Wort und dahinter eine oder zwei Seitenzahlen. So: Topfpflanze (215 und 180); nahm (174) …

Nun kennst du alle Tricks beim Wörtersuchen.
Jetzt fehlt dir noch die Übung.

21. Ein Meisenpaar bringt seinen Kindern im Nest durchschnittlich alle vier Minuten eine Raupe.
Schreibe jedes unterstrichene Wort mit der Seitenzahl (oder den Seitenzahlen).

22. Wie heißen die folgenden Wörter und wie schreibt man sie?
das Bass-, das Port-, der Cham-, intere-, das Wra-, die Werksta-, das Verzeichn-, das Vitam-

23. Bei den folgenden Wörtern fehlt s, ss oder ß. Schreibe sie mit Bleistift vollständig auf einen Zettel. Kontrolliere mit dem Wörterbuch. Schreibe dann endgültig in dein Heft.
das Gra_, na_, flie_en, der Flu_, kü_en, das Ki_en, der Mi_t, der Bu_, wi_en, wei_

24. Wie heißt die einfache Vergangenheit (Präteritum) mit „er" und „sie"? Beispiel: holen – sie holte.
liegen, stehlen, winken, wissen, stehen, gehen, nennen, schimpfen, schlafen, gießen
Schreibe so: liegen – er lag, stehlen – …

25. Wie heißen die folgenden Wörter und wie schreibt man sie?
das Vergissmei-, unausste-, die Sympa-, das Substant-, die Süßi-, die Ora-, die Spezialit-, stattde-, die Spag-

26. Wie heißen die folgenden Wörter und wie schreibt man sie?
die Serpent-, zieml-, der Rhy-, das Scheus-, die Bibl-, der Rhaba-, das Rei-, das Moun-, ner-

27. Die folgenden Wörter haben alle ein langes „i“. Wie schreibt man sie?
die Industr- , die Batter- , der Spaz- , die Mus- , die Apfels- , die Masch- , das Krokod- , die Margar-

28. Wie heißt die Mehrzahl?
Gesang, Tombola, Sanatorium, Salto, Album, Denkmal, Geruch, Gewitter, Hobby
Schreibe so: der Gesang – die Gesänge, …

29. Welches Substantiv steht im Wörterbuch zu quetschen, abschließen, helfen, schneiden, klingen?
Schreibe so: quetschen – die Quetschung, …

30. Wie kann man sich merken, wann man „malen“ und wann man „mahlen“ schreibt?

31. Wie heißt die Mehrzahl von Schlips, Scherz, Schleier, Manege, Etui, Atlas, Lexikon, Belag, Patient?
Schreibe so: der Schlips – die Schlipse, …

32. empfangen, bitten, mischen, forschen, kontrollieren, laufen, binden, betrügen, hetzen, retten, lachen
Zu welchem dieser Verben stehen zwei Nomen in diesem Buch? Schreibe nur diese.
So: empfangen, der Empfänger, der Empfang; …

33. Diese Wörter schrieb man früher so:
Xylophon, Hot Dog, Spaghetti, Joghurt, Ketchup, Creme, Sauce
Heute kann man sie auch anders schreiben. Schlage im Wörterbuch nach und schreibe sie auf.

34. Rechnen mit Wörtern
Schlage die Namen der Dinge nach. Schreibe dir die Seitenzahlen auf. Rechne die Aufgaben.

 – 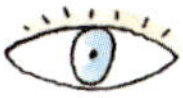

178 – 97 =

 –  =

 –  =

 – 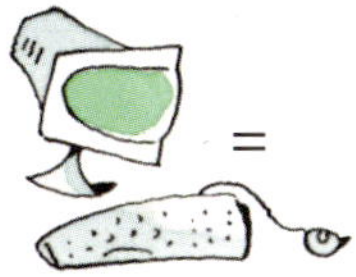 =

35. V oder W? Schlage diese Wörter nach und schreibe sie.
_erb, _espe, _ideo, _ioline, _urm, _aage, _itamin, _ulkan, _eizen

36. Schreibe die Wörter mit den richtigen Artikeln (Begleitern). Bei einem gibt es zwei Möglichkeiten.
Zeppelin, Reling, Hockey, Lorbeer, Zylinder, Asphalt, Watt, Rhabarber, Numerale, Laich, Joghurt, Karamell, Pyjama

37. Was stimmt? Schreibe die richtigen Sätze auf.
Der Meißel ist ein Werkzeug.
Die Lärche ist ein Vogel.
Die Mehrzahl von Hamster heißt auch Hamster. Man kann aber auch Hämster sagen.
Million wird mit Mio. abgekürzt.
Eine Ballerina spielt besonders gern Ball.
Zum Ellenbogen kann man auch Ellbogen sagen.

A a

der **Aal**, die Aa|le

das **Aas** (verwesende Tierleiche)

ab

ab-: Es gibt viele Wörter mit ab-. Suche auch bei dem Wort, das den zweiten Wortteil bildet (z. B. die Abfahrt, ablecken).

die **Ab|bil|dung**, die Ab|bil|dun|gen

der **Ab|bruch**, die Ab|brü|che

der **Abend**, die Aben|de, abends, am Abend, gestern Abend, abend|lich

das **Aben|teu|er**, die Aben-teu|er, aben|teu|er|lich

aber

der **Aber|glau|be**, aber|gläu|bisch

die **Ab|fahrt**, die Ab|fahr|ten

der **Ab|fall**, die Ab|fäl|le

der **Ab|fluss**, die Ab|flüs|se

das **Ab|gas**, die Ab|ga|se

der/die **Ab|ge|ord|ne|te**, die Ab|ge|ord|ne|ten

der **Ab|grund**, die Ab|grün|de

der **Ab|hang**, die Ab|hän|ge

ab|hän|gig

die **Ab|kür|zung**, die Ab|kür|zun|gen

der **Ab|le|ger** (Pflanzentrieb), die Ab|le|ger

ab|leh|nen

ab|len|ken

die **Ab|ma|chung**, die Ab|ma|chun|gen

a|bon|nie|ren, das A|bon|ne|ment

der **Ab|satz**, die Ab|sät|ze

ab|scheu|lich

der **Ab|schied**, sich ver|ab|schie|den

ab|schlie|ßen, er schließt ab, schloss ab, hat ab|ge-schlos|sen, der Ab|schluss

ab|schnei|den, sie schnei|det ab, schnitt ab, hat ab|ge|schnit|ten

der **Ab|schnitt**, die Ab|schnit|te

ab|schrei|ben, er schreibt ab, schrieb ab, hat ab|ge|schrie|ben

ab|seits, abseits stehen, der Ball im Ab|seits

die **Ab|sicht**, die Ab|sich|ten, ab|sicht|lich

ab|so|lut

ab|stam|men, die Ab|stam|mung

der **Ab|stand**, die Ab|stän|de

ab|stim|men, die Ab|stim|mung

das **Ab|teil**, die Ab|tei|le

ab|wärts, abwärts gehen

der **Ab|wasch**

ab|wech|seln, die Ab|wechs|lung

die **Ab|wehr**, ab|weh|ren

das **Ab|zei|chen**, die Ab|zei|chen

das **Ab|zieh|bild**, die Ab|zieh|bil|der

die **Ach|se**, die Ach|sen

die **Ach|sel**, die Ach|seln

acht, acht|zehn, acht|zig, die ach|te Reihe

Acht ge|ben/acht|ge|ben, sich in Acht nehmen

ach|ten, die Ach|tung

acht|mal, achtmal gewinnen, *aber:* acht mal zwei

der **Acker**, die Äcker

ad|die|ren (zusammenzählen), sie ad|diert, ad|dier|te, hat ad|diert, die Ad|di|ti|on

der **Adel**, ad|lig

die **Ader**, die Adern

das **Ad|jek|tiv** (Eigenschaftswort), die Ad|jek|ti|ve

der **Ad|ler**, die Ad|ler

die **Ad|res|se**, die Ad|res|sen

der **Ad|vent**, der Ad|vents|ka|len|der

der **Af|fe**, die Af|fen

Af|ri|ka, af|ri|ka|nisch

der **Af|ter**

der **Agent**, die Agen|ten

ag|gres|siv (angriffslustig), die Ag|gres|si|on

ah|nen, die Ah|nung

ähn|lich, die Ähn|lich|keit

der **Ahorn** (Laubbaum)

die **Äh|re**, die Äh|ren, *aber:* ↗ die Ehre

der **Air|bag**, die Air|bags

das **Ak|kor|de|on**, die Ak|kor|de|ons

der **Ak|ku|sa|tiv** (Wenfall oder Wasfall – 4. Fall)

die **Ak|ne** (Hautausschlag)

der **Ak|ro|bat**, die Ak|ro|ba|ten, die Ak|ro|ba|tin
die **Ak|te**, die Ak|ten
die **Ak|ti|on**, die Ak|ti|o|nen
ak|tiv
ak|tu|ell
der **Alarm**, alar|mie|ren
al|bern
das **Al|bum**, die Al|ben
die **Al|ge** (blütenlose Wasserpflanze), die Al|gen
der **Al|ko|hol**
Al|lah
al|le, al|les
die **Al|lee** (Baumreihe), die Al|le|en
al|lein
am **al|ler|bes|ten**
al|ler|dings
die **Al|ler|gie**, die Al|ler|gi|en, al|ler|gisch
al|ler|lei
all|ge|mein
all|mäh|lich
all|zu, allzu sehr
die **Al|pen** (Gebirge)
das **Al|pha|bet**, al|pha|be|tisch
der **Alp|traum**, die Alp|träu|me
als
al|so
alt, äl|ter, am äl|tes|ten
der **Al|tar**, die Al|tä|re
der **Al|te**, die Al|te, die Al|ten
das **Al|ter**
am (an dem), am Fenster
die **Amei|se**, die Amei|sen
Ame|ri|ka, ame|ri|ka|nisch
die **Am|pel**, die Am|peln
die **Am|sel**, die Am|seln
das **Amt**, die Äm|ter
sich **amü|sie|ren**, er amü|siert sich, amü|sier|te sich, hat sich amü|siert
an, an der Leine

> **an-**: Es gibt viele Wörter mit an-. Suche auch bei dem Wort, das den zweiten Wortteil bildet (z. B. das Andenken, anziehen).

die **Ana|nas**
an|bie|ten, sie bie|tet an, bot an, hat an|ge|bo|ten, das An|ge|bot
die **An|dacht**, die An|dach|ten, an|däch|tig
das **An|den|ken**, die An|den|ken
an|de|re, an|ders, die an|de|ren Kinder

ändern, die Änderung
aneinander, aneinanderstellen
die **Anerkennung**
der **Anfall**, die Anfälle
der **Anfang**, die Anfänge
anfangen, er fängt an, fing an, hat angefangen, der Anfänger
anfassen, sie fasst an, fasste an, hat angefasst
anfeuern
angeben, er gibt an, gab an, hat angegeben
der **Angeber**, die Angeber
angeblich
das **Angebot**, die Angebote
der/die **Angehörige**, die Angehörigen
die **Angel**, die Angeln
die **Angelegenheit**, die Angelegenheiten
angeln, der Angler
angenehm
der/die **Angestellte**, die Angestellten
sich **angewöhnen**, sie gewöhnt es sich an, gewöhnte es sich an, hat es sich angewöhnt
die **Angewohnheit**, die Angewohnheiten
die **Angina** (Krankheit)
angreifen, er greift an, griff an, hat angegriffen
der **Angriff**, die Angriffe
die **Angst**, die Ängste, ich habe Angst, ängstlich
der **Anhänger**, die Anhänger, anhängen, anhänglich
der **Anker**, die Anker
ankommen, sie kommt an, kam an, ist angekommen
ankreuzen, er kreuzt an, kreuzte an, hat angekreuzt
die **Ankunft**
der **Anlass**, die Anlässe
anlassen, sie lässt an, ließ an, hat angelassen
der **Anlauf**, die Anläufe
anlehnen
die **Anmeldung**, die Anmeldungen
der **Anorak**, die Anoraks
anpacken

A B C D E F G H I J K L M N O P Q R S T U V W X Y Z

die **An|schaf|fung**, die An|schaf|fun|gen

die **An|schau|ung**, die An|schau|un|gen

an|schei|nend, es hat den An|schein

an|schlie|ßend (danach)

an|schnal|len

an|schnau|zen, er schnauzt an, schnauz|te an, hat an|ge|schnauzt

die **An|schrift**, die An|schrif|ten

der **An|spruch**, die An|sprü|che

an|stän|dig, der An|stand

an|statt

sich **an|ste|cken**, an|ste|ckend, die An|ste|ckung

an|stel|len

der **An|stoß**, an etwas Anstoß nehmen

an|sto|ßen, sie stößt an, stieß an, hat an|ge|sto|ßen

an|stren|gen, die An|stren|gung, an|stren|gend

der **An|teil**, die An|tei|le

die **An|ten|ne**, die An|ten|nen

der **An|trag**, die An|trä|ge

die **Ant|wort**, die Ant|wor|ten

ant|wor|ten, er ant|wor|tet, ant|wor|te|te, hat ge|ant-wor|tet

die **An|zahl**

die **An|zei|ge**, die An|zei|gen

an|zei|gen

sich **an|zie|hen**, sie zieht sich an, zog sich an, hat sich an|ge|zo|gen

der **An|zug**, die An|zü|ge

an|zün|den

der **Ap|fel**, die Äp|fel

die **Ap|fel|si|ne**, die Ap|fel|si|nen

die **Apo|the|ke**, die Apo|the|ken

der **Ap|pa|rat**, die Ap|pa|ra|te

der **Ap|pe|tit**, ap|pe|tit|lich

ap|plau|die|ren, er ap|plau|diert, ap|plau-dier|te, hat ap|plau|diert, der Ap|plaus

die **Ap|ri|ko|se**, die Ap|ri|ko|sen

der **Ap|ril**

das **Aqua|ri|um**, die Aqua|ri|en

die **Ar|beit**, die Ar|bei|ten

ar|bei|ten, sie ar|bei|tet, ar|bei|te|te, hat ge|ar|bei|tet

der **Ar|bei|ter**, die Ar|bei|ter, die Ar|bei|te|rin, ar|beits|los

der **Architekt**, die Architekten, die Architektin
der **Ärger**, ärgerlich
ärgern, sie ärgert sich (ihn), ärgerte sich (ihn), hat sich (ihn) geärgert
arm, die Armut
der **Arm**, die Arme
die **Armee**, die Armeen
der **Ärmel**, die Ärmel
die **Art**, die Art und Weise
artig
der **Artikel**, die Artikel
der **Artist**, die Artisten, die Artistin
die **Arznei**, die Arzneien
der **Arzt**, die Ärzte
die **Ärztin**, die Ärztinnen
die **Asche**
Asien, der Asiat, asiatisch
der **Asphalt** (Straßenbelag)
das **Ass** (1. Spielkarte, 2. Beste(r) im Sport, 3. Schlag beim Tennis), die Asse
der **Assistent**, die Assistenten
die **Assistentin**, die Assistentinnen

der **Ast**, die Äste
die **Aster** (Gartenblume), die Astern
das **Asthma** (Krankheit)
der **Astronaut**, die Astronauten, die Astronautin
das **Asyl**
der **Atem**
der **Athlet**, die Athleten, die Athletin
der **Atlantik** (Ozean)
der **Atlas**, die Atlasse *oder:* die Atlanten
atmen, er atmet, atmete, hat geatmet, die Atmung
Ätsch!
ätzend
die **Aubergine** (Gemüse), die Auberginen
auch
auf, auf dem Berg

auf-: Es gibt viele Wörter mit auf-. Suche auch bei dem Wort, das den zweiten Wortteil bildet (z. B. aufdrehen, das Aufsehen).

aufeinander
auf einmal

der **Auf|ent|halt**, die Auf|ent-hal|te

auf|fal|len, auf|fäl|lig, auf|fal|lend

auf|fas|sen, sie fasst auf, fass|te auf, hat auf|ge|fasst, die Auf|fas|sung

auf|for|dern, die Auf|for|de|rung

die **Auf|ga|be**, die Auf|ga|ben

der **Auf|gang**, die Auf|gän|ge

auf|hän|gen, er hängt auf, häng|te auf, hat auf|ge|hängt, der Auf|hän|ger

auf|hö|ren

auf|klä|ren, die Auf|klä|rung

der **Auf|kle|ber**, die Auf|kle|ber

auf|merk|sam, die Auf|merk|sam|keit

die **Auf|nah|me**, die Auf|nah|men

auf|pas|sen

auf|pral|len, der Auf|prall

auf|räu|men, sie räumt auf, räum|te auf, hat auf-ge|räumt

auf|recht

sich **auf|re|gen**, er regt sich auf, reg|te sich auf, hat sich auf|ge|regt, die Auf|re|gung

der **Auf|satz**, die Auf|sät|ze

der **Auf|schnitt**

die **Auf|sicht**, die Auf|sich|ten

auf|ste|hen, sie steht auf, stand auf, ist auf|ge-stan|den

auf|stel|len, die Auf|stel-lung

der **Auf|trag**, die Auf|trä|ge

auf|tre|ten, du trittst auf, er tritt auf, trat auf, ist auf|ge|tre|ten

der **Auf|tritt**, die Auf|trit|te

auf|wa|chen

der **Auf|wand**, auf|wen|dig, *auch:* auf|wän|dig

auf|wärts

auf|we|cken

auf|wen|den, sie wen|det viel Zeit auf, wen|de|te/wand|te auf, hat auf|ge|wen|det/auf-ge|wandt

auf|wen|dig, *auch:* auf|wän|dig

Auf Wie|der|se|hen!
der **Auf|zug**, die Auf|zü|ge
das **Au|ge**, die Au|gen
der **Au|gen|blick**, die Au|gen-bli|cke
die **Au|gen|braue**, die Au|gen-brau|en
das **Au|gen|lid**, die Au|gen|li|der
der **Au|gust**
die **Au|la** (Festsaal)
aus

aus-: Es gibt viele Wörter mit aus-. Suche auch bei dem Wort, das den zweiten Wortteil bildet (z. B. die Aushilfe, ausziehen).

aus|bes|sern
aus|bil|den, die Aus|bil|dung
aus|brei|ten, die Aus|brei|tung
die **Aus|dau|er**, aus|dau|ernd
aus|deh|nen, die Aus|deh|nung
sich **aus|den|ken**, er denkt sich etwas aus, dach|te sich etwas aus, hat sich etwas aus|ge|dacht
der **Aus|druck**, die Aus|drü|cke
aus|drü|cken
aus|ei|nan|der, auseinan-der gehen
aus|flip|pen, sie flippt aus, flipp|te aus, ist aus|ge|flippt
der **Aus|flug**, die Aus|flü|ge
aus|führ|lich
die **Aus|ga|be**, die Aus|ga|ben
der **Aus|gang**, die Aus|gän|ge
aus|ge|ben, er gibt aus, gab aus, hat aus|ge|ge|ben
aus|ge|hen, sie geht aus, ging aus, ist aus|ge|gan|gen
aus|ge|zeich|net
aus|he|cken, du heckst etwas aus, er heckt etwas aus, heck|te aus, hat aus|ge|heckt
die **Aus|kunft**, die Aus|künf|te
das **Aus|land**
der **Aus|län|der**, die Aus-län|der, die Aus|län|de|rin, aus|län|disch
die **Aus|nah|me**, die Aus|nah-men, aus|nahms|wei|se
der **Aus|puff**, die Aus|puf|fe
die **Aus|re|de**, die Aus|re|den
aus|rei|chend

aus|rei|ßen, sie reißt aus, riss aus, hat aus|ge|ris|sen (Unkraut) *oder:* ist ausgerissen (weggelaufen), der Aus|rei|ßer

das **Aus|ru|fe|zei|chen**

die **Aus|rüs|tung**, die Aus|rüs|tun|gen

aus|schlie|ß|lich (nur)

aus|se|hen, er sieht müde aus, sah müde aus, hat müde aus|ge|se|hen

au|ßen

au|ßer, außer montags

au|ßer|dem

au|ßer|halb

äu|ßer|lich

äu|ßern, die Äu|ße|rung

die **Aus|sicht**, die Aus|sich|ten, aus|sichts|los

aus|spre|chen, sie spricht aus, sprach aus, hat aus|ge|spro|chen

aus|stel|len, die Aus|stel|lung

Aus|tra|li|en, aus|tra|lisch

aus|trin|ken, er trinkt aus, trank aus, hat aus|ge|trun|ken

die **Aus|wahl**, aus|wäh|len

aus|wärts

der **Aus|weg**, die Aus|we|ge

der **Aus|weis**, die Aus|wei|se

sich **aus|wei|sen**

aus|wen|dig

aus|zeich|nen, die Aus|zeich|nung

das **Au|to**, die Au|tos, Auto fahren, die Au|to|bahn, der Au|to|fah|rer

das **Au|to|gramm**, die Au|to|gram|me

der **Au|to|mat**, die Au|to|ma|ten, au|to|ma|tisch

Autsch!

die **A|vo|ca|do** (Frucht), die A|vo|ca|dos

die **Axt**, die Äx|te

B b

das **Ba|by**, die Ba|bys
der **Ba|by|sit|ter**, die Ba|by-sit|ter
der **Bach**, die Bä|che
die **Ba|cke**, die Ba|cken
ba|cken, er bäckt/backt, er back|te, hat ge|ba|cken
der **Bä|cker**, die Bä|cker, die Bä|cke|rin, die Bä|cke|rei
das **Bad**, die Bä|der, die Ba|de|wan|ne
ba|den, sie ba|det, ba|de|te, hat ge|ba|det
Ba|den-Würt|tem|berg
der **Bag|ger**, die Bag|ger
Bäh!
die **Bahn**, die Bah|nen
der **Bahn|hof**, die Bahn|hö|fe
der **Bahn|steig**, die Bahn-stei|ge
die **Bak|te|rie** (Krankheits-keim), die Bak|te|ri|en
die **Ba|lan|ce** (Gleichgewicht), ba|lan|cie|ren
bald
der **Bal|ken**, die Bal|ken
der **Bal|kon**, die Bal|kons *oder:* die Bal|ko|ne
der **Ball** (1. Spielzeug, 2. Fest), die Bäl|le
die **Bal|le|ri|na** (Balletttän-zerin), die Bal|le|ri|nen
das **Bal|lett**, die Bal|let|te
der **Bal|lon**, die Bal|lons *oder:* die Bal|lo|ne
die **Ba|na|ne**, die Ba|na|nen
das **Band**, die bunten Bän|der
der **Band** (Buch), die Bän|de
die **Band** (Musikgruppe), die Bands
die **Ban|de**, die Ban|den
der **Ban|dit**, die Ban|di|ten
ban|ge (ängstlich)
die **Bank** (zum Sitzen), die Bän|ke
die **Bank** (z. B. die Sparkasse), die Ban|ken
bar, das Bar|geld
der **Bär**, die Bä|ren
die **Ba|ra|cke**, die Ba|ra|cken
bar|fuß
barm|her|zig

A
B
C
D
E
F
G
H
I
J
K
L
M
N
O
P
Q
R
S
T
U
V
W
X
Y
Z

der **Barren** (1. Turngerät, 2. Goldbarren), die Barren

der **Barsch** (Fisch), die Barsche

der **Bart**, die Bärte

der **Basar**, die Basare

der **Basketball**, die Basketbälle

der **Bass** (1. Musikinstrument, 2. tiefe Männerstimme), die Bässe

das **Bassin** (Wasserbecken), die Bassins

der **Bast**

basteln, ich bast(e)le, er bastelt, bastelte, hat gebastelt

die **Batterie**, die Batterien

der **Bau**, die Bauten

der **Bauch**, die Bäuche

bauen

der **Bauer**, die Bauern

die **Bäuerin**, die Bäuerinnen

der **Baum**, die Bäume

baumeln, sie baumelt, baumelte, hat gebaumelt

die **Baustelle**, die Baustellen

Bayern, bay(e)risch

be-: Es gibt viele Wörter mit be-. Suche auch bei dem Wort, das den zweiten Wortteil bildet (z. B. beschimpfen, der Befund).

beachten, er beachtet, beachtete, hat beachtet

der **Beamte**, die Beamten, die Beamtin

beantragen

beben, das Erdbeben

der **Becher**, die Becher

das **Becken**, die Becken

sich **bedanken**, sie bedankt sich, bedankte sich, hat sich bedankt

bedauern, er bedauert, bedauerte, hat bedauert

bedeuten, es bedeutet, bedeutete, hat bedeutet, die Bedeutung

bedienen, die Bedienung

die **Bedingung**, die Bedingungen

bedrohen, die Bedrohung

das **Bedürfnis**, die Bedürfnisse

sich **beeilen**, sie beeilt sich, beeilte sich, hat sich beeilt

beenden, er beendet, beendete, hat beendet

beerdigen, die Beerdigung

die **Beere**, die Beeren

das **Beet**, die Beete

der **Befehl**, die Befehle

befehlen, du befiehlst, sie befiehlt, befahl, hat befohlen

befestigen, die Befestigung

sich **befinden**, er befindet sich, befand sich, hat sich befunden

befreien, die Befreiung

befriedigend

befruchten, die Befruchtung

begabt, die Begabung

begegnen, sie begegnet, begegnete, ist begegnet, die Begegnung

sich **begeistern**, er ist begeistert, die Begeisterung

der **Beginn**

beginnen, er beginnt, begann, hat begonnen

begleiten, die Begleitung

beglückwünschen

begreifen, sie begreift, begriff, hat begriffen

begründen, die Begründung

begrüßen, die Begrüßung

behalten, du behältst, er behält, behielt, hat behalten

der **Behälter**, die Behälter

behandeln, die Behandlung

behaupten, die Behauptung

die **Behausung**, die Behausungen

beherrschen, du beherrschst, sie beherrscht, beherrschte, hat beherrscht

behilflich, behilflich sein

behindern, die Behinderung

behindert

die **Behörde**, die Behörden

A B C D E F G H I J K L M N O P Q R S T U V W X Y Z

behutsam
bei
beichten, die Beichte
beide
beieinander
der **Beifall**
das **Beil**, die Beile
beim (bei dem), beim Haus
das **Bein**, die Beine
beinahe (fast)
beisammen
das **Beispiel**, die Beispiele, zum Beispiel (z. B.)
beißen, du beißt, er beißt, biss, hat gebissen, der Biss
bekannt, der Bekannte, die Bekannten, die Bekanntschaft
bekleckern
die **Bekleidung**
bekommen, sie be-kommt, bekam, hat be-kommen
der **Belag**, die Beläge
belästigen, die Beläs-tigung
die **Belastung**, die Belas-tungen
beleidigen, er beleidigt, beleidigte, hat jemanden beleidigt, ist beleidigt, die Beleidigung
beleuchten, die Beleuch-tung
Belgien, belgisch
beliebt
bellen
belohnen, die Belohnung
bemerken, die Bemerkung
sich **bemühen**, sie bemüht sich, bemühte sich, hat sich bemüht
benachrichtigen, die Benachrichtigung
sich **benehmen**, er benimmt sich, benahm sich, hat sich benommen; Benimm dich!
benötigen
benutzen, der Benutzer
das **Benzin**
beobachten, sie be-obachtet, beobachtete, hat beobachtet, die Be-obachtung
bequem

be|ra|ten, er be|rät, be|riet, hat be|ra|ten, die Be|ra|tung

der **Be|reich**, die Be|rei|che

be|reit

be|rei|ten

be|reits (schon)

be|reu|en

der **Berg**, die Ber|ge, ber|gig

berg|ab, berg|auf

ber|gen, die Ber|gung

der **Be|richt**, die Be|rich|te

be|rich|ten, sie be|rich|tet, be|rich|te|te, hat be|rich|tet

be|rich|ti|gen, die Be|rich-ti|gung

Ber|lin, die Ber|li|ner

be|rück|sich|ti|gen, er be|rück|sich|tigt, be|rück-sich|tig|te, hat be|rück-sich|tigt

der **Be|ruf**, die Be|ru|fe

be|ru|hi|gen, die Be|ru|hi|gung

be|rühmt

be|rüh|ren, die Be|rüh|rung

be|schä|di|gen, die Be|schä|di|gung

be|schäf|ti|gen, die Be|schäf|ti|gung

der **Be|scheid**, die Be|schei|de, ich weiß Bescheid

be|schei|den, die Be|schei|den|heit

die **Be|schei|ni|gung**, die Be-schei|ni|gun|gen

be|sche|ren, die Be|sche|rung

be|schlie|ßen, sie be-schließt, be|schloss, hat be|schlos|sen

der **Be|schluss**, die Be|schlüs|se

be|schrei|ben, die Be-schrei|bung

be|schul|di|gen, die Be-schul|di|gung

sich **be|schwe|ren**, die Be-schwer|de

be|sei|ti|gen, er be|sei|tigt, be|sei|tig|te, hat be|sei|tigt

der **Be|sen**, die Be|sen

be|set|zen, die Be|set|zung, be|setzt

be|sich|ti|gen, sie be|sich-tigt, be|sich|tig|te, hat be-sich|tigt, die Be|sich|ti|gung

be|sit|zen, er be|sitzt, be|saß, hat be|ses|sen, der Be|sitz

be|son|ders

be|sor|gen, die Be|sor|gung, be|sorgt sein

be|spre|chen, sie be|spricht, be|sprach, hat be|spro|chen, die Be|spre|chung

bes|ser, am bes|ten, das Bes|te, etwas Bes|se|res

be|stäu|ben, die Be|stäu|bung

das **Be|steck**, die Be|ste|cke

be|ste|hen, er be|steht, be|stand, hat be|stan|den

be|stel|len, die Be|stel|lung

die **Bes|tie**, die Bes|ti|en

be|stim|men, die Be|stim|mung

be|stra|fen, sie be|straft, be|straf|te, hat be|straft, die Be|stra|fung

der **Be|such**, die Be|su|che

be|su|chen, der Be|su|cher

be|täu|ben, die Be|täu|bung

sich **be|tei|li|gen**, die Be|tei|li|gung

be|ten, er be|tet, be|te|te, hat ge|be|tet

der **Be|ton**, die Be|ton|mau|er

be|to|nen, die Be|to|nung

be|trach|ten, sie be|trach|tet, be|trach|te|te, hat be|trach|tet, die Be|trach|tung

der **Be|trag**, die Be|trä|ge

sich **be|tra|gen**, er be|trägt sich, be|trug sich, hat sich be|tra|gen

der **Be|trieb**, die Be|trie|be

der **Be|trug**

be|trü|gen, sie be|trügt, be|trog, hat be|tro|gen

das **Bett**, die Bet|ten

bet|teln, der Bett|ler

sich **beu|gen**, er beugt sich, beug|te sich, hat sich ge|beugt

die **Beu|le**, die Beu|len

die **Beu|te**

der **Beu|tel**, die Beu|tel

die **Be|völ|ke|rung**

be|vor

be|vor|zu|gen, sie be|vor|zugt, be|vor|zug|te, hat be|vor|zugt

be|we|gen, die Be|we|gung, be|weg|lich

der **Be|weis**, die Be|wei|se

beweisen, er beweist, bewies, hat bewiesen

bewerben, die Bewerbung

der **Bewohner**, die Bewohner

die **Bewölkung**, bewölkt

bewusst, bewusstlos

bezahlen, sie bezahlt, bezahlte, hat bezahlt, die Bezahlung

beziehungsweise (bzw.)

der **Bezirk**, die Bezirke

der **Bezug**, die Bezüge

die **Bibel**, die Bibeln

die **Bibliothek** (Bücherei), die Bibliotheken

biegen, er biegt, bog, hat gebogen, die Biegung, biegsam

die **Biene**, die Bienen

das **Bier**, die Biere

das **Biest**, die Biester

bieten, sie bietet, bot, hat geboten

der **Bikini**, die Bikinis

das **Bild**, die Bilder

sich **bilden**, die Bildung, gebildet

billig

ich **bin** ↗ sein

binden, er bindet, band, hat gebunden, die Bindung

die **Biologie**, biologisch

die **Biotonne**, die Biotonnen

die **Birke** (Laubbaum), die Birken

die **Birne**, die Birnen

bis

bisher

der **Biss**, die Bisse

ein **bisschen**

du **bist** ↗ sein

die **Bitte**, die Bitten

bitten, sie bittet, bat, hat gebeten

bitter

sich **blamieren**, er blamiert sich, blamierte sich, hat sich blamiert, die Blamage

blank

die **Blase**, die Blasen, das Bläschen

blasen, er bläst, blies, hat geblasen

blass

das **Blatt**, die Blät|ter, blät|tern

blau, bläu|lich, die Blau-bee|re

das **Blech**, die Ble|che

das **Blei** (Metall)

blei|ben, er bleibt, blieb, ist ge|blie|ben

bleich

der **Blei|stift**, die Blei|stif|te

blen|den

der **Blick**, die Bli|cke

bli|cken, sie blickt, blick|te, hat ge|blickt

blind, der Blin|de

der **Blind|darm**

blin|ken, er blinkt, blink|te, hat ge|blinkt, der Blin|ker

blin|zeln, sie blin|zelt, blin|zel|te, hat ge|blin|zelt

der **Blitz**, die Blit|ze

blit|zen, es blitzt, blitz|te, hat ge|blitzt

der **Block**, die Blö|cke *oder:* die Blocks

blöd, blö|de, der Blöd|sinn

blond

bloß, bloß noch zwei Stunden, mit blo|ßen Füßen

blü|hen, es blüht, blüh|te, hat ge|blüht, *aber:* ↗ die Blüte

die **Blu|me**, die Blu|men

die **Blu|se**, die Blu|sen

das **Blut**, blu|tig

die **Blü|te**, die Blü|ten, *aber:* es blühte

blu|ten, er blu|tet, blu|te|te, hat ge|blu|tet

der **Bob** (Rennschlitten), die Bobs

der **Bock**, die Bö|cke, bo|ckig

der **Bo|den**, die Bö|den

der **Bo|gen**, die Bo|gen *oder:* die Bö|gen

die **Boh|ne**, die Boh|nen

boh|ren, sie bohrt, bohr|te, hat ge|bohrt, der Boh|rer, die Boh|rung

der **Boi|ler** (Heißwasser-bereiter), die Boi|ler

die **Bom|be**, die Bom|ben

das/der **Bon|bon**, die Bon|bons

das **Boot**, die Boo|te

das **Bord** (Bücherbord), die Bor|de

der **Bord** (Schiffsdeck), an Bord gehen

borgen, er borgt, borgte, hat geborgt
die **Borste**, die Borsten
die **Böschung**, die Böschungen
böse, etwas Böses
der **Boss**, die Bosse
der **Bote**, die Boten
die **Botschaft**, die Botschaften
boxen, er boxt, boxte, hat geboxt
der **Boxer**, die Boxer, die Boxerin, der Boxring
der **Brand**, die Brände
Brandenburg
braten, er brät, briet, hat gebraten, der Braten
brauchen
brauen, sie braut, braute, hat gebraut, die Brauerei
braun, bräunen
die **Brause**, die Brausen
brausen, der Wind braust, brauste, hat gebraust, kalt abbrausen
die **Braut**, die Bräute
der **Bräutigam**, die Bräutigame
brav
Bravo!
brechen, sie bricht, brach, hat gebrochen
der **Brei**, breiig
breit, die Breite
Bremen
die **Bremse**, die Bremsen
bremsen, er bremst, bremste, hat gebremst
brennen, es brennt, brannte, hat gebrannt
die **Brennnessel**, die Brennnesseln
brenzlig
das **Brett**, die Bretter
die **Brezel**, die Brezeln
der **Brief**, die Briefe
das **Brikett** (Kohle), die Briketts
die **Brille**, die Brillen
bringen, er bringt, brachte, hat gebracht
die **Brise** (leichter Wind), die Brisen
der **Brocken**, die Brocken
brodeln, es brodelt, brodelte, hat gebrodelt
der **Brokkoli** (Gemüse)

A
B
C
D
E
F
G
H
I
J
K
L
M
N
O
P
Q
R
S
T
U
V
W
X
Y
Z

die **Brom|bee|re**, die Brom|bee|ren
die **Bron|ze|me|dail|le**, die Bron|ze|me|dail|len
das **Brot**, die Bro|te
das **Bröt|chen**, die Bröt|chen
der **Bruch**, die Brü|che
die **Brü|cke**, die Brü|cken
der **Bru|der**, die Brü|der
brü|hen, die Brü|he
brül|len
brum|men
der **Brun|nen**, die Brun|nen
die **Brust**, die Brüs|te
bru|tal, die Bru|ta|li|tät
brü|ten, sie brü|tet, brü|te|te, hat ge|brü|tet, die Brut
brut|zeln, es brut|zelt, brut|zel|te, hat ge|brut|zelt
der **Bu|be**, die Bu|ben
das **Buch**, die Bü|cher
die **Bu|che** (Laubbaum), die Bu|chen
die **Buch|ecker** (Frucht der Buche), die Buch|eckern
die **Büch|se**, die Büch|sen
der **Buch|sta|be**, die Buch|sta|ben, buch|sta|bie|ren
die **Bucht**, die Buch|ten
der **Bu|ckel**, die Bu|ckel, buck(e)|lig
sich **bü|cken**, er bückt sich, bück|te sich, hat sich ge|bückt
die **Bu|de**, die Bu|den
der **Büf|fel**, die Büf|fel
der **Bü|gel**, die Bü|gel
bü|geln, das Bü|gel|ei|sen
die **Büh|ne**, die Büh|nen
Bul|ga|ri|en, der Bul|ga|re, bul|ga|risch
der **Bul|le**, die Bul|len
der **Bu|me|rang**, die Bu|me|rangs
bum|meln, die Bum|me|lei
der **Bund** (1. Vereinigung, 2. oberer Rand an der Hose), die Bün|de
das **Bund**, die Bun|de, ein Bund Petersilie
das **Bün|del**, die Bün|del, das Bündel schnüren
der **Bun|des|kanz|ler**, die Bun|des|kanz|le|rin
die **Bun|des|li|ga**
die **Bun|des|re|gie|rung**

die **Bun|des|re|pu|blik**
Deutsch|land
die **Bun|des|wehr**
das **Bünd|nis**, die Bünd|nis|se
der **Bun|ga|low**,
die Bun|ga|lows
bunt
die **Burg**, die Bur|gen
der **Bür|ger**, die Bür|ger
die **Bür|ge|rin**, die
Bür|ge|rin|nen
der **Bür|ger|meis|ter**,
die Bür|ger|meis|ter,
die Bür|ger|meis|te|rin
das **Bü|ro**, die Bü|ros
der **Bur|sche**, die Bur|schen
die **Bürs|te**, die Bürs|ten
bürs|ten, sie bürs|tet,
bürs|te|te, hat ge|bürs|tet
der **Bus**, die Bus|se
der **Busch**, die Bü|sche
der **Bu|sen**, die Bu|sen
der **Bus|sard** (Greifvogel),
die Bus|sar|de
bü|ßen, du büßt, er büßt,
büß|te, hat ge|büßt,
die Bu|ße
die **But|ter**

C c

das **Ca|fé**, die Ca|fés
das **Camp** (Feldlager),
die Camps
cam|pen, das Cam|ping,
der Cam|ping|platz
die **CD** (Compact Disc),
der CD-Spie|ler
Cel|si|us (*kurz:* C),
17 Grad Celsius (17° C)
der **Cent**, die Cents
das **Cha|mä|le|on** (Echse),
die Cha|mä|le|ons
der **Cham|pi|gnon**,
die Cham|pi|gnons
die **Chan|ce**, die Chan|cen
das **Cha|os**, cha|o|tisch
der **Cha|rak|ter**,
die Cha|rak|te|re
char|mant (bezaubernd)
der **Char|ter|flug**
der **Chat**, chat|ten
der **Chauf|feur** (berufsmä-
ßiger Autofahrer),
die Chauf|feu|re
der **Chef**, die Chefs
die **Che|fin**, die Che|fin|nen

A B C D E F G H I J K L M N O P Q R S T U V W X Y Z

A B **C** **D** E F G H I J K L M N O P Q R S T U V W X Y Z

die **Che|mie**
Chi|na, chi|ne|sisch
der **Chip**, die Chips
der **Chor**, die Chö|re
der **Christ**, die Chris|ten,
christ|lich, Chris|tus
die **Ci|ty** (Innenstadt)
die **Cle|men|ti|ne** (Manda-
rine), die Cle|men|ti|nen
die **Cli|que**, die Cli|quen
der **Clown**, die Clowns
der **Club**, die Clubs,
auch: der Klub, die Klubs
die **Co|la**
der **Co|mic**, die Co|mics
der **Com|pu|ter**,
die Com|pu|ter
der **Con|tai|ner**,
die Con|tai|ner
die **Corn|flakes**
die **Couch**, die Couchs
der **Cou|sin**, die Cou|sins
die **Cou|si|ne**, die Cou|si|nen,
auch: die Ku|si|ne
der **Cow|boy**, die Cow|boys
die **Cre|me**, die Cre|mes,
auch: die Kre|me
der **Cur|ry** (ein Gewürz),
die Cur|ry|wurst

D d

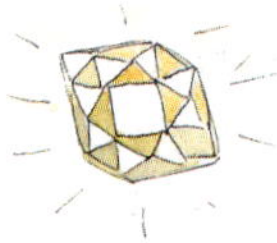

da, da sein
da|bei
das **Dach**, die Dä|cher
der **Dachs**, die Dach|se
der **Da|ckel**, die Da|ckel
da|durch
da|für
da|ge|gen
da|heim
da|her
da|hin
da|hin|ter
da|mals
die **Da|me**, die Da|men
da|mit
däm|lich
der **Damm**, die Däm|me
däm|mern,
es däm|mert, däm|mer|te,
hat ge|däm|mert,
die Däm|me|rung
der **Dampf**, die Dämp|fe
damp|fen, es dampft,
dampf|te, hat ge|dampft
der **Damp|fer**,
die Damp|fer

danach
daneben
Dänemark, der Däne, dänisch
der **Dank**, dankbar
danken, sie dankt, dankte, hat gedankt
dann
daran
darauf
daraus
darin
der **Darm**, die Därme
darüber
darum
darunter
das (Artikel), das Kind, *aber:* ↗ dass
dass, er sagte, dass er kommt, *aber:* ↗ das Kind
dasselbe
der **Dativ** (Wemfall – 3. Fall)
die **Dattel**, die Datteln
das **Datum**, die Daten
dauern, es dauert lange, es dauerte lange, hat lange gedauert
dauernd
der **Daumen**, die Daumen
davon
davor
dazu
dazwischen
die **Decke**, die Decken
der **Deckel**, die Deckel
decken
defekt
dehnen, sie dehnt, dehnte, hat gedehnt, die Dehnung, *aber:* ↗ denen
der **Deich**, die Deiche
dein, deine, deiner, deinetwegen
dekorieren, die Dekoration
die **Delle**, die Dellen
der **Delphin**, die Delphine, *auch:* der Delfin, die Delfine
dem, in dem Wagen
demnach
demnächst
die **Demokratie**, die Demokratien, demokratisch
demonstrieren, die Demonstration
den, in den Keller gehen, *aber:* ↗ denn

de|nen, denen werde ich es zeigen, *aber:* ↗ dehnen
den|ken, er denkt, dach|te, hat ge|dacht
das **Denk|mal**, die Denk|mä|ler
denn; Was ist denn los?, *aber:* ↗ den
den|noch
das **De|odo|rant** (*kurz:* Deo)
der (Artikel), der Ball
der|ar|tig
derb
de|ren, das ist deren Hund
der|je|ni|ge
der|sel|be
des
des|halb, des|we|gen
des|sen
des|to, desto besser
der **De|tek|tiv**, die De|tek|ti|ve
deu|ten, sie deu|tet, deu|te|te, hat ge|deu|tet
deut|lich
deutsch, die deut|sche Sprache, er spricht deutsch, etwas auf Deutsch sagen
Deutsch|land, eine Deut|sche, ein Deut|scher
der **De|zem|ber**
De|zi|me|ter (*kurz:* dm), vier Dezimeter (4 dm)
das **Dia**, die Dias
der **Di|a|lekt**, die Di|a|lek|te
der **Di|a|mant**, die Di|a|man|ten
der **Di|a|pro|jek|tor**
die **Di|ät**, die Di|ä|ten
dich
dicht
dich|ten, sie dich|tet, dich|te|te, hat ge|dich|tet
der **Dich|ter**, die Dich|ter, die Dich|te|rin, die Dich|tung
dick
das **Di|ckicht**
die (Artikel), die Blume
der **Dieb**, die Die|be, der Dieb|stahl
die **Die|le**, die Die|len
die|nen, der Dienst
der **Die|ner**, die Die|ner
der **Diens|tag**, am Diens|tag-abend, diens|tags
dies, die|se, die|ser, die|ses
der **Die|sel**, der Die|sel|mo|tor
die|sel|be
die|sig

dies|mal

die **Dif|fe|renz**, die Dif|fe|ren|zen

das **Dik|tat**, die Dik|ta|te

dik|tie|ren, sie dik|tiert, dik|tier|te, hat dik|tiert

der **Dill** (Gewürzpflanze)

das **Ding**, die Din|ge

der **Di|no|sau|ri|er**, die Di|no|sau|ri|er

dir, es gehört dir

di|rekt

der **Di|rek|tor**, die Di|rek|to|ren, die Di|rek|to|rin

der **Di|ri|gent**, die Di|ri|gen|ten, die Di|ri|gen|tin

di|ri|gie|ren, er di|ri|giert, di|ri|gier|te, hat di|ri|giert

das **Dirndl** (Trachtenkleid)

die **Dis|ket|te**, die Dis|ket|ten

die **Dis|ko|thek**, die Dis|ko|the|ken

dis|ku|tie|ren, sie dis|ku-tiert, dis|ku|tier|te, hat dis-ku|tiert, die Dis|kus|si|on

die **Dis|tel**, die Dis|teln

di|vi|die|ren (teilen), er di|vi|diert, di|vi|dier|te, hat di|vi|diert, die Di|vi|si|on

doch

der **Docht**, die Doch|te

die **Dog|ge** (Hunderasse), die Dog|gen

die **Doh|le** (Rabenvogel), die Doh|len

der **Dok|tor**, die Dok|to|ren, die Dok|to|rin

der **Dolch**, die Dol|che

der **Dol|lar**, die Dol|lars

der **Dom**, die Do|me

der **Dom|pfaff** (Singvogel), die Dom|pfaf|fen

der **Domp|teur**, die Domp-teu|re, die Domp|teu|se, *auch:* die Domp|teu|rin

der **Dö|ner** (*kurz für:* Döner-kebab)

don|nern, es don|nert, don|ner|te, hat ge|don|nert, der Don|ner

der **Don|ners|tag**, am Don|ners|tag|abend, don|ners|tags

doof

der **Dop|pel|punkt**, die Dop|pel|punk|te

dop|pelt, doppelt so viel wie ...

das **Dorf**, die Dör|fer
der **Dorn**, die Dor|nen,
dor|nig
der **Dorsch** (Fisch),
die Dor|sche
dort, dort|hin
die **Do|se**, die Do|sen
dö|sen, sie döst, dös|te,
hat ge|döst
der/das **Dot|ter** (Eigelb),
die Dot|ter, die Dot|ter-
blu|me
der **Dra|che** (Fabeltier),
die Dra|chen
der **Dra|chen** (Fluggerät),
die Dra|chen
das **Dra|gee**, die Dra|gees
der **Draht**, die Dräh|te
dran *oder:* da|ran,
dran|kom|men
drän|geln, ich dräng(e)|le,
er drän|gelt, drän|gel|te,
hat ge|drän|gelt,
die Drän|ge|lei
drän|gen, in die Ecke
drängen, die Zeit
drängt, das Ge|drän|ge
drau|ßen
der **Dreck**, dre|ckig

dre|hen, sie dreht,
dreh|te, hat ge|dreht,
die Dre|hung
drei, drei|zehn, drei|ßig,
eine Drei bekommen,
die drit|te Reihe
das **Drei|eck**, die Drei|ecke,
drei|eckig
drei|mal, dreimal würfeln,
aber: drei mal vier
dre|schen, er drischt,
drosch, hat ge|dro|schen
dres|sie|ren, die Dres|sur
drin, drin|nen
drin|gen, drin|gend
der **drit|te** Teil, jeder Drit|te,
drit|tens, das Drit|tel
die **Dro|ge**, die Dro|gen
die **Dro|ge|rie**, die Dro|ge|ri|en
dro|hen, sie droht,
droh|te, hat ge|droht,
die Dro|hung
dröh|nen, es dröhnt,
dröhn|te, hat ge|dröhnt
drol|lig
der/das **Drops**, die Drop|se
die **Dros|sel** (Singvogel),
die Dros|seln
drü|ben

der **Druck**, die Dru|cke, die Dru|cke|rei
dru|cken, er druckt, druck|te, hat ge|druckt
drü|cken, sie drückt, drück|te, hat ge|drückt
die **Drü|se**, die Drü|sen
der **Dschun|gel** (tropischer Wald)
du
der **Dü|bel**, die Dü|bel
sich **du|cken**, er duckt sich, duck|te sich, hat sich ge|duckt
der **Duft**, die Düf|te
duf|ten, es duf|tet
dumm, düm|mer, die Dumm|heit, der Dumm|kopf
dumpf
die **Dü|ne**, die Dü|nen
dün|gen, sie düngt, düng|te, hat ge|düngt, der Dün|ger
dun|kel, dunk|le Wolken, ein dunk|ler Keller, im Dun|keln sitzen, die Dun|kel|heit
dünn
der **Dunst**, die Düns|te, duns|tig
durch

durch-: Es gibt viele Wörter mit durch-. Suche auch bei dem Wort, das den zweiten Wortteil bildet (z. B. durchkneten, der Durchgang).

durch|ei|nan|der
der **Durch|schnitt**, durch|schnitt|lich
durch|sich|tig
dür|fen, er darf, durf|te
dürr
der **Durst**, durs|tig, ver|durs|ten
die **Du|sche**, die Du|schen
du|schen, du duschst, sie duscht, dusch|te, hat ge|duscht
die **Dü|se**, die Dü|sen
düs|ter, *auch:* dus|ter
das **Dut|zend** (12 Stück), ein Dutzend Eier
der **DVD-Play|er**, die DVD-Play|er
der **Dy|na|mo**, die Dy|na|mos

A B C D **E** F G H I J K L M N O P Q R S T U V W X Y Z

E e

die **Eb|be**, Ebbe und Flut
eben, die Ebe|ne
eben, gerade eben
eben|falls
eben|so
der **Eber** (männliches Schwein), die Eber
das **Echo**, die Echos
die **Ech|se**, die Ech|sen
echt
die **Ecke**, die Ecken, eckig
edel, der Edel|stein
der **Efeu** (Kletterpflanze)
der **Ef|fekt**, die Ef|fekte
egal
der **Egel**, die Egel
die **Eg|ge** (Ackergerät), die Eg|gen
der **Ego|ist**, ego|is|tisch
ehe, ehe etwas geschah
die **Ehe**, die Ehen
eher
die **Eh|re**, die Eh|ren, *aber:* ↗ die Ähre
eh|ren, sie ehrt, ehr|te, hat ge|ehrt, die Eh|rung
der **Ehr|geiz**, ehr|gei|zig
ehr|lich, die Ehr|lich|keit
das **Ei**, die Ei|er
die **Ei|che** (Laubbaum), die Ei|chen
die **Ei|chel**, die Ei|cheln
das **Eich|hörn|chen**, die Eich|hörn|chen
der **Eid**, die Ei|de
die **Ei|dech|se**, die Ei|dech|sen
der **Ei|fer**, ei|fer|süch|tig
eif|rig
ei|gen, ihr ei|ge|nes Haus, er ist sehr eigen
ei|gen|ar|tig
ei|gen|bröt|le|risch
die **Ei|gen|schaft**, die Ei|gen|schaf|ten
ei|gen|sin|nig, der Ei|gen|sinn
ei|gent|lich
das **Ei|gen|tum**, die Ei|gen|tü|mer
die **Ei|le**, ei|lig
ei|len, er eilt, eil|te, ist ge|eilt
der **Ei|mer**, die Ei|mer
ein, ei|ne, ei|ner, ei|nes

ein-: Es gibt viele Wörter mit ein-. Suche auch bei dem Wort, das den zweiten Wortteil bildet (z. B. der Einspruch, einwerfen).

ei|nan|der, einander helfen

ein|äu|gig

die **Ein|bahn|stra|ße**, die Ein|bahn|stra|ßen

sich **ein|bil|den**, die Ein|bil|dung

ein|bre|chen, der Ein-bre|cher, der Ein|bruch

der **Ein|druck**, die Ein|drü|cke

ein|fach

der **Ein|fall**, die Ein|fäl|le

der **Ein|fluss**, die Ein|flüs|se

der **Ein|gang**, die Ein|gän|ge

ein|hef|ten

ein|hei|misch

die **Ein|heit**, die Ein|hei|ten, ein|heit|lich

ei|nig, sich einig sein

ei|ni|ge, ei|ni|ger|ma|ßen

sich **ei|ni|gen**, sie ei|nigt sich, ei|nig|te sich, hat sich ge|ei|nigt

das **Ein|kom|men**

ein|la|den, er lädt ein, lud ein, hat ein|ge|la|den, die Ein|la|dung

ein|mal, auf einmal

das **Ein|mal|eins**

ein|ma|lig

ein|pa|cken, du packst ein, sie packt ein, pack|te ein, hat ein|ge|packt

sich **ein|prä|gen**, du prägst dir ein, er prägt sich ein, präg|te sich ein, hat sich ein|ge|prägt

die **Ein|rich|tung**, die Ein|rich|tun|gen

eins, eins plus zwei, ich nehme eins davon, es ist halb eins

die **Eins**, eine Eins schreiben

ein|sam, die Ein|sam|keit

der **Ein|satz**, die Ein|sät|ze

ein|sil|big

einst

ein|stim|mig

der **Ein|topf** (Suppe), die Ein|töp|fe

ein|tre|ten, sie tritt ein, trat ein, ist ein|ge|tre|ten, der Ein|tritt

ein|ver|stan|den

ein|wand|frei

der **Ein|woh|ner**, die Ein|woh|ner, die Ein|woh|ne|rin

die **Ein|zahl** (Singular)

ein|zeln, die Ein|zel|heit, jeder Ein|zel|ne

ein|zig, die ein|zi|gen Tiere, mein ein|zi|ger Freund, die Ein|zi|ge

das **Eis**, eis|kalt, ei|sig, eislaufen

das **Ei|sen**, die Ei|sen

die **Ei|sen|bahn**, die Ei|sen|bah|nen

ei|sern

das **Eis|ho|ckey**

ei|tel, die Ei|tel|keit

der **Ei|ter**, ei|tern, eit|rig

der **Ekel**

sich **ekeln**, er ekelt sich, ekel|te sich, hat sich ge|ekelt, ek(e)|lig

elas|tisch (dehnbar)

die **El|be** (Fluss), das Elb|sand|stein|ge|bir|ge

der **Ele|fant**, die Ele|fan|ten

ele|gant

elek|trisch, die Elek|tri|zi|tät, der Elek|tri|ker

die **Elek|tro|nik**, elek|tro|nisch

das **Ele|ment**, die Ele|men|te

elend, mir ist elend zumute

das **Elend**

elf, die elf|te Reihe

der **Elf** (männlicher Naturgeist), die El|fen

das **Elf|chen** (Gedicht aus elf Wörtern)

die **El|fe** (weiblicher Naturgeist), die El|fen

der **Ell|bo|gen**, die Ell|bo|gen *oder:* der El|len|bo|gen, die El|len|bo|gen

die **Els|ter**, die Els|tern

die **El|tern**

der **Em|bryo** (Kind im Mutterbauch), die Em|bry|os

emp|fan|gen, sie emp|fängt, emp|fing, hat emp|fan|gen, der Emp|fän|ger, der Emp|fang

emp|feh|len, er emp|fiehlt, emp|fahl, hat emp|foh|len, die Emp|feh|lung

empfinden, sie empfindet, empfand, hat empfunden, empfindlich, die Empfindung
empor, emporblicken
sich **empören**, er ist empört, die Empörung
emsig
das **Ende**, die Enden, endgültig
endlich, endlos
die **Energie**, die Energien, energisch
eng, die Enge
der **Engel**, die Engel
England (Teil Großbritanniens), die Engländerin, englisch
der **Enkel**, die Enkel
die **Enkelin**, die Enkelinnen
enorm

> **ent-**: Es gibt viele Wörter mit ent-. Suche auch bei dem Wort, das den zweiten Wortteil bildet (z. B. entladen, der Entschluss).

entbehren, die Entbehrung
entbinden, sie entbindet, entband, hat entbunden, die Entbindung
entdecken, er entdeckt, entdeckte, hat entdeckt, die Entdeckung
die **Ente**, die Enten
entfernen, die Entfernung
entführen, die Entführung
entgegen
entgegnen, sie entgegnet, entgegnete, hat entgegnet
entgleisen
entlang
entlassen, er entlässt, entließ, hat entlassen, die Entlassung
entscheiden, sie entscheidet, entschied, hat entschieden, die Entscheidung
sich **entschließen**, er entschließt sich, entschloss sich, hat sich entschlossen, der Entschluss

sich **ent|schul|di|gen**, sie ent|schul|digt sich, ent|schul|dig|te sich, hat sich ent|schul|digt, die Ent|schul|di|gung

sich **ent|set|zen**, ent|setzt sein, ent|setz|lich, das Ent|set|zen

sich **ent|span|nen**, die Ent|span|nung

ent|ste|hen, es ent|steht, ent|stand, ist ent|stan|den, die Ent|ste|hung

ent|täu|schen, ent|täuscht sein, die Ent|täu|schung

ent|we|der

ent|wi|ckeln, die Ent|wick|lung

ent|zü|ckend

ent|zün|den

ent|zwei, ent|zwei-bre|chen, es ging entzwei

er

er-: Es gibt viele Wörter mit er-. Suche auch bei dem Wort, das den zweiten Wortteil bildet (z. B. er<u>füllen</u>, der Er<u>satz</u>).

der **Er|be**, die Er|bin, die Er|ben

er|ben, sie erbt, erb|te, hat ge|erbt, das Er|be

die **Erb|se**, die Erb|sen

die **Er|de**, das Erd|be|ben, die Erd|bee|re, das Erd|ge|schoss, die Erd|nuss

sich **er|eig|nen**, es er|eig|net sich, er|eig|ne|te sich, hat sich er|eig|net, das Er|eig|nis

er|fah|ren, er er|fährt, er|fuhr, hat er|fah|ren, die Er|fah|rung

er|fin|den, sie er|fin|det, er|fand, hat er|fun|den, die Er|fin|dung

der **Er|folg**, die Er|fol|ge, er|folg|reich

sich **er|freu|en**, er|freu|lich

er|gän|zen, du er|gänzt, er er|gänzt, er|gänz|te, hat er|gänzt, die Er|gän|zung

das **Er|geb|nis**, die Er|geb|nis|se

er|hal|ten, sie er|hält, er|hielt, hat er|hal|ten

sich **er|ho|len**, er er|holt sich, er|hol|te sich, hat sich er|holt, die Er|ho|lung

sich **er|in|nern**, sie er|in|nert sich, er|in|ner|te sich, hat sich er|in|nert, die Er|in|ne|rung
sich **er|käl|ten**, die Er|käl|tung
er|klä|ren, die Er|klä|rung
sich **er|kun|di|gen**, er er|kun|digt sich, er|kun|dig|te sich, hat sich er|kun|digt
er|lau|ben, sie er|laubt, er|laub|te, hat er|laubt
die **Er|laub|nis**
die **Er|le** (Laubbaum), die Er|len
er|le|ben, er er|lebt, er|leb|te, hat er|lebt
das **Er|leb|nis**, die Er|leb|nis|se
er|le|di|gen, sie er|le|digt, er|le|dig|te, hat er|le|digt
der **Er|lös**, die Er|lö|se
er|mah|nen, die Er|mah|nung
er|mä|ßigt, die Er|mä|ßi|gung
sich **er|näh|ren**, die Er|näh|rung
ernst
ern|ten, er ern|tet, ern|te|te, hat ge|ern|tet, die Ern|te, das Ern|te|dank|fest
er|obern, sie er|obert, er|ober|te, hat er|obert, die Er|obe|rung
der **Er|pel** (männliche Ente), die Er|pel
er|pres|sen, die Er|pres|sung
er|ra|ten, er er|rät, er|riet, hat er|ra|ten
er|rei|chen, er|reich|bar sein
er|schei|nen, sie er|scheint, er|schien, ist er|schie|nen, die Er|schei|nung
er|schöpft, die Er|schöp|fung
er|schre|cken, du er|schrickst, er er|schrickt, er|schrak, ist er|schro|cken, sie hat mich er|schreckt; Er|schrick nicht!
er|schüt|tern, er|schüt-ternd, er|schüt|tert
er|set|zen, der Er|satz
die **Er|spar|nis**, die Er|spar|nis|se
erst, nun erst recht
er|staunt

A B C D **E** F G H I J K L M N O P Q R S T U V W X Y Z

ers|te, das erste Mal, sie geht als Ers|te, ers|tens
er|sti|cken
sich **er|stre|cken**, der Wald er|streckt sich bis ins Tal
er|trin|ken, du er|trinkst, sie er|trank, ist er|trun|ken
er|wach|sen, der Er|wach|se|ne
er|wäh|nen, er er|wähnt, er|wähn|te, hat er|wähnt
er|wer|ben, sie er|wirbt, er|warb, hat er|wor|ben
er|wi|dern, er er|wi|dert, er|wi|der|te, hat er|wi|dert, die Er|wi|de|rung
das **Erz** (Gestein), die Er|ze, das Erz|ge|bir|ge
er|zäh|len, die Er|zäh|lung
er|zie|hen, sie er|zieht, er|zog, hat er|zo|gen, die Er|zie|hung
es
die **Esche** (Laubbaum), die Eschen
der **Esel**, die Esel
die **Es|pe** (Laubbaum), die Es|pen, wie Es|pen|laub zittern
es|sen, du isst, er isst, aß, hat ge|ges|sen; Iss!
das **Es|sen**, ess|bar, der Ess|löf|fel
der **Es|sig**
die **Eta|ge** (Stockwerk), die Eta|gen
das **Eti|kett**, die Eti|ket|ten
das **Etui** (Hülle), die Etuis
et|wa
et|was, etwas Schönes
euch, eu|er, eu|re
die **Eu|le**, die Eu|len
der **Eu|ro**, die Eu|ros
Eu|ro|pa, der Eu|ro|pä|er, eu|ro|pä|isch
das **Eu|ter**, die Eu|ter
evan|ge|lisch
das **Evan|ge|li|um**
even|tu|ell (vielleicht)
ewig, die Ewig|keit
exakt (genau)
das **Exem|plar**, die Exem|pla|re
exis|tie|ren, es exis|tiert, exis|tier|te, hat exis|tiert, die Exis|tenz
exo|tisch
die **Ex|pe|di|ti|on**, die Ex|pe|di|ti|o|nen

das **Ex|pe|ri|ment**, die Ex|pe|ri|men|te, ex|pe|ri|men|tie|ren

der **Ex|per|te** (Fachmann), die Ex|per|ten, die Ex|per|tin

ex|plo|die|ren, es ex|plo-diert, ex|plo|dier|te, ist ex|plo|diert, die Ex|plo|si|on

ex|press (eilig), der Ex|press|bo|te, die Ex|press|rei|ni|gung

ex|tra

ex|trem (außerge-wöhnlich)

F f

die **Fa|bel**, die Fa|beln, fa|bel|haft

die **Fa|brik**, die Fa|bri|ken

das **Fach**, die Fä|cher

die **Fa|ckel**, die Fa|ckeln

fad *oder:* fa|de

der **Fa|den**, die Fä|den

fä|hig, die Fä|hig|keit

fahn|den, sie fahn|de|te, hat ge|fahn|det, die Fahn|dung

die **Fah|ne**, die Fah|nen

die **Fäh|re**, die Fäh|ren

fah|ren, er fährt, fuhr, ist ge|fah|ren, der Fah|rer, die Fahrt, das Fahr|zeug

das **Fahr|rad**, die Fahr|rä|der

die **Fähr|te**, die Fähr|ten

fair (anständig)

der **Fall**, die Fäl|le

die **Fal|le**, die Fal|len

fal|len, sie fällt, fiel, ist ge|fal|len

fäl|len, er fällt einen Baum, fäll|te, hat ihn ge|fällt

fäl|lig

A B C D E **F** G H I J K L M N O P Q R S T U V W X Y Z

falls
falsch
fäl|schen, du fälschst, sie fälscht, fälsch|te, hat ge|fälscht, die Fäl|schung
die **Fal|te**, die Fal|ten
fal|ten, er fal|tet, er fal|te|te, hat ge|fal|tet
der **Fal|ter**, die Fal|ter
die **Fa|mi|lie**, die Fa|mi|li|en
der **Fan**, die Fans, der Fan|klub
fan|gen, sie fängt, fing, hat ge|fan|gen, der Fang
die **Fan|ta|sie**, die Fan|ta|si|en, *auch:* die Phan|ta|sie, die Phan|ta|si|en
fan|tas|tisch, *auch:* phan|tas|tisch
die **Far|be**, die Far|ben, fär|ben, far|big
die **Farm** (Bauernhof), die Far|men
der **Farn** (Waldpflanze), die Far|ne
der **Fa|san** (Vogel), die Fa|sa|ne
der **Fa|sching**
die **Fa|ser**, die Fa|sern
das **Fass**, die Fäs|ser
fas|sen, er fasst, fass|te, hat ge|fasst
die **Fas|sung**, die Fas|sun|gen
fast (beinahe), *aber:* er fasst ↗ fassen
fas|ten, sie fas|tet, fas|te|te, hat ge|fas|tet
die **Fast|nacht**
fau|chen, er faucht, fauch|te, hat ge|faucht, *auch:* pfauchen
faul, fau|len, ver|fau|len, die Faul|heit
fau|len|zen, sie fau|lenzt, fau|lenz|te, hat ge|fau|lenzt, der Fau|len|zer
die **Faust**, die Fäus|te
das **Fax**, die Fa|xe, das Fax|ge|rät
die **Fa|xen** (Unsinn), Faxen machen
der **Fe|bru|ar**
fech|ten, er ficht, focht, hat ge|foch|ten
die **Fe|der**, die Fe|dern
die **Fee**, die Fe|en
fe|gen, du fegst, sie fegt, feg|te, hat ge|fegt

feh|len, er fehlt, fehl|te, hat ge|fehlt
der **Feh|ler**, die Feh|ler
fei|ern, sie fei|ert, fei|er|te, hat ge|fei|ert, die Fei|er
fei|ge, die Feig|heit, der Feig|ling
die **Fei|ge** (Frucht), die Fei|gen
fei|len, die Fei|le
fein
der **Feind**, die Fein|de, feind|lich, die Feind|schaft
das **Feld**, die Fel|der
die **Fel|ge**, die Fel|gen
das **Fell**, die Fel|le
der **Fels** *oder:* der Fel|sen, die Fel|sen, die Fels|wand, fel|sig, fel|sen|fest
das **Fens|ter**, die Fens|ter
die **Fe|ri|en**
das **Fer|kel**, die Fer|kel
fern, die Fer|ne, die Fern|be|die|nung
fern|se|hen, er sieht fern, sah fern, hat fern|ge|se|hen, das Fern|se|hen, der Fern|se|her
die **Fer|se**, die Fer|sen
fer|tig, fertigstellen
die **Fes|sel**, die Fes|seln, fes|seln
fest, fest|stel|len
das **Fest**, die Fes|te, der Fest|tag, fest|lich
die **Fes|tung**, die Fes|tun|gen
fett, die Gans ist fett
das **Fett**, die Fet|te, fet|tig
der **Fet|zen**, die Fet|zen
feucht, die Feuch|tig|keit
das **Feu|er**, die Feu|er, die Feu|er|wehr, feu|rig
die **Fi|bel**, die Fi|beln
die **Fich|te** (Nadelbaum), die Fich|ten
das **Fie|ber**, fie|bern, fieb|rig, das Fie|ber|ther|mo|me|ter
fies (gemein)
die **Fi|gur**, die Fi|gu|ren
der **Film**, die Fil|me
fil|men, sie filmt, film|te, hat ge|filmt
der **Fil|ter**, die Fil|ter, fil|tern
der **Filz**, die Fil|ze, der Filz|stift
die **Fi|nan|zen**, fi|nan|zi|ell
fin|den, er fin|det, fand, hat ge|fun|den, der Fund
der **Fin|ger**, die Fin|ger

der **Fink** (Singvogel), die Fin|ken
Finn|land, fin|nisch
fins|ter, im Fins|tern sitzen, die Fins|ter|nis
die **Fir|ma**, die Fir|men
die **Fir|mung**
der **Fisch**, die Fi|sche
fi|schen, du fischst, sie fischt, fisch|te, hat ge|fischt, der Fi|scher
fit, die Fit|ness
fix
flach
die **Flä|che**, die Flä|chen
fla|ckern
der **Fla|den**, die Fla|den
die **Flag|ge**, die Flag|gen
die **Flam|me**, die Flam|men
die **Fla|sche**, die Fla|schen
flat|tern, er flat|tert, flat|ter|te, hat ge|flat|tert
flau
flech|ten, du flichst, sie flicht, flocht, hat ge|floch|ten
der **Fleck**, die Fle|cken, fle|ckig
die **Fle|der|maus**, die Fle|der|mäu|se
der **Fle|gel**, die Fle|gel
fle|hen, er fleht, fleh|te, hat ge|fleht
das **Fleisch**, flei|schig
der **Fleiß**, flei|ßig
flet|schen, sie fletscht die Zähne, fletsch|te, hat ge|fletscht
fli|cken, du flickst, er flickt, flick|te, hat ge|flickt, der Fli|cken
der **Flie|der** (Strauch)
die **Flie|ge**, die Flie|gen
flie|gen, du fliegst, sie fliegt, flog, ist ge|flo|gen; Flieg!
flie|hen, er flieht, floh, ist ge|flo|hen; Flieh!
die **Flie|se**, die Flie|sen
flie|ßen, es fließt, floss, ist ge|flos|sen, das Fließ|band, flüs|sig
flink
die **Flin|te** (Gewehr), die Flin|ten
flit|zen, sie flitzt, flitz|te, ist ge|flitzt
die **Flo|cke**, die Flo|cken
der **Floh**, die Flö|he

das **Floß**, die Flö|ße

die **Flos|se**, die Flos|sen

die **Flö|te**, die Flö|ten, flö|ten

flott

der **Fluch**, die Flü|che, flu|chen

die **Flucht**

flüch|ten, er flüch|tet, flüch|te|te, ist ge|flüch|tet, flüch|tig, der Flücht|ling

der **Flug**, die Flü|ge, das Flug|zeug

der **Flü|gel**, die Flü|gel

flüg|ge

flun|kern, sie flun|kert, flun|ker|te, hat ge|flun|kert

der **Flur**, die Flu|re

der **Fluss**, die Flüs|se

flüs|sig, die Flüs|sig|keit

flüs|tern, er flüs|tert, flüs|ter|te, hat ge|flüs|tert

die **Flut**, die Flu|ten

das **Foh|len**, die Foh|len

der **Föhn** (1. warmer, trockener Wind, 2. Haartrockner), die Föh|ne

föh|nen, sie föhnt, föhn|te, hat ge|föhnt

die **Fol|ge**, die Fol|gen

fol|gen, er folgt, folg|te, ist ge|folgt

die **Fo|lie**, die Fo|li|en

for|dern, die For|de|rung

för|dern, sie för|dert, för|der|te, hat ge|för|dert

die **Fo|rel|le** (Fisch), die Fo|rel|len

die **Form**, die For|men, for|men

das **For|mu|lar**, die For|mu|la|re

for|schen, du forschst, er forscht, forsch|te, hat ge|forscht, die For|sche|rin, die For|schung

der **Forst** (Wald), die Fors|te *oder:* die Fors|ten

der **Förs|ter**, die Förs|ter

fort, der Fort|schritt

fort-: Es gibt viele Wörter mit fort-. Suche auch bei dem Wort, das den zweiten Wortteil bildet (z. B. der Fortgang, fortwerfen).

fort|set|zen, die Fort|set|zung

das **Fo|to**, die Fo|tos

A B C D E **F** G H I J K L M N O P Q R S T U V W X Y Z

der **Fo|to|graf**, die Fo|to|gra|fen, die Fo|to|gra|fin, fo|to|gra|fie|ren

die **Fracht**, die Frach|ten

die **Fra|ge**, die Fra|gen

fra|gen, sie fragt, frag|te, hat ge|fragt

Frank|reich, fran|zö|sisch, der Fran|zo|se, die Fran|zö|sin

die **Fran|se**, die Fran|sen

die **Frat|ze**, die Frat|zen

die **Frau**, die Frau|en

frech, die Frech|heit

frei, die Frei|heit, frei|hän|dig

frei|lich

der **Frei|tag**, am Frei|tag-abend, frei|tags

frei|wil|lig

die **Frei|zeit**

fremd, der Frem|de, die Frem|den

fres|sen, es frisst, fraß, hat ge|fres|sen; Friss!

die **Freu|de**, die Freu|den

sich **freu|en**, er freut sich, freu|te sich, hat sich ge|freut

der **Freund**, die Freun|de

die **Freun|din**, die Freun|din|nen

freund|lich

die **Freund|schaft**

der **Frie|den**, *auch:* der Frie|de

der **Fried|hof**, die Fried|hö|fe

fried|lich

frie|ren, sie friert, fror, hat ge|fro|ren, der Frost

frisch, die Fri|sche

der **Fri|seur**, die Fri|seu|rin, die Fri|seu|re, *auch:* der Fri|sör, die Fri|sö|rin

fri|sie|ren, er fri|siert, fri|sier|te, hat fri|siert, die Fri|sur

die **Frist**, die Fris|ten

froh

fröh|lich

fromm

die **Front**, die Fron|ten, fron|tal

der **Frosch**, die Frö|sche

der **Frost**, frös|teln, fros|tig

die **Frucht**, die Früch|te, frucht|bar, fruch|tig

früh, in der Frü|he, die Früh|blü|her

frü|her

das **Früh|jahr**
der **Früh|ling**
das **Früh|stück**
früh|stü|cken, du früh|stückst, sie früh|stückt, früh|stück|te, hat ge|früh|stückt
der **Frust** (Ärger), frus|triert
der **Fuchs**, die Füch|se
die **Fu|ge** (1. schmaler Zwischenraum, 2. Musikstück), die Fu|gen
fühl|len, er fühlt, fühl|te, hat ge|fühlt, der Füh|ler
die **Fuh|re**, die Fuh|ren
füh|ren, sie führt, führ|te, hat ge|führt, die Füh|rung
fül|len, er füllt, füll|te, hat ge|füllt, der Fül|ler, die Fül|lung
der **Fund**, die Fun|de, der Fund|ort
das **Fun|da|ment**, die Fun|da|men|te
fünf, fünf|zehn, fünf|zig, die fünf|te Reihe
die **Fünf**, eine Fünf bekommen
fünf|mal, fünfmal gewinnen, *aber:* fünf mal drei
der **Funk**, fun|ken, der Fun|ker
der **Fun|ke** *oder:* der Fun|ken, die Fun|ken
fun|keln, es fun|kelt, fun|kel|te, hat ge|fun|kelt
funk|ti|o|nie|ren, es funk|ti|o|niert, funk|ti|o|nier|te, hat funk|ti|o|niert, die Funk|ti|on
für, fürs (für das) Kind
die **Fur|che**, die Fur|chen
die **Furcht**, furcht|bar
sich **fürch|ten**, sie fürch|tet sich, fürch|te|te sich, hat sich ge|fürch|tet
fürch|ter|lich
der **Fuß**, die Fü|ße, der Fuß|ball, der Fuß|gän|ger
die/der **Fus|sel**, die Fus|seln
futsch
das **Fut|ter** (1. Tiernahrung, 2. innere Stoffschicht)
fut|tern, sie fut|tert, fut|ter|te, hat ge|fut|tert
füt|tern, die Katze füttern
das **Futur** (Zeitform des Verbs)

A B C D E F **G** H I J K L M N O P Q R S T U V W X Y Z

G g

die **Ga|be**, die Ga|ben
die **Ga|bel**, die Ga|beln
ga|ckern, es ga|ckert, ga|cker|te, hat ge|ga|ckert
gaf|fen, er gafft, gaff|te, hat ge|gafft, die Gaf|fer
gäh|nen, sie gähnt, gähn|te, hat ge|gähnt
die **Ga|la|xie** (Sternsystem), die Ga|la|xi|en
die **Ga|la|xis** (Milchstraße)
die **Gal|le**, die Gal|len
der **Ga|lopp**
ga|lop|pie|ren, es ga|lop-piert, ga|lop|pier|te, ist ga|lop|piert
der **Game|boy**, die Game|boys
gam|meln, gamm(e)|lig
der **Gang**, die Gän|ge
die **Gang** (Verbrecherbande), die Gangs
der **Gangs|ter**, die Gangs|ter
der **Ga|no|ve**, die Ga|no|ven
die **Gans**, die Gän|se
ganz, gänz|lich
gar, gar kein, gar nicht
gar (fertig gekocht)
die **Ga|ra|ge**, die Ga|ra|gen
die **Ga|ran|tie**, die Ga|ran|ti|en
ga|ran|tie|ren, er ga|ran-tiert, ga|ran|tier|te, hat ga|ran|tiert
die **Gar|be**, die Gar|ben
die **Gar|de|ro|be**, die Gar|de|ro|ben
die **Gar|di|ne**, die Gar|di|nen
ga|ren (Essen gar kochen)
das **Garn**, die Gar|ne
die **Gar|ni|tur**, die Gar|ni|tu|ren
der **Gar|ten**, die Gär|ten
der **Gärt|ner**, die Gärt|ner, die Gärt|ne|rin, die Gärt|ne|rei
das **Gas**, die Ga|se
die **Gas|se**, die Gas|sen
der **Gast**, die Gäs|te, die Gast|stät|te
der **Gat|te**, die Gat|ten
die **Gat|tin**, die Gat|tin|nen
der **Gauk|ler**, die Gauk|ler
der **Gaul**, die Gäu|le
der **Gau|men**, die Gau|men
der **Gau|ner**, die Gau|ner

ge-: Es gibt viele Wörter mit ge-. Suche auch bei dem Wort, das den zweiten Wortteil bildet (z. B. das Gedenken, gefrieren). Vergangenheitsformen mit ge- musst du bei den Grundformen der Verben suchen (z. B. geflossen bei fließen).

das **Ge|bäck**
ge|bä|ren, sie ge|bärt, ge|bar, hat ge|bo|ren
das **Ge|bäu|de**, die Ge|bäu|de
ge|ben, du gibst, er gibt, gab, hat ge|ge|ben; Gib!
das **Ge|bet**, die Ge|be|te
das **Ge|biet**, die Ge|bie|te
das **Ge|bir|ge**, die Ge|bir|ge, ge|bir|gig
das **Ge|biss**, die Ge|bis|se
ge|bo|ren
ge|bor|gen, sich geborgen fühlen
das **Ge|bot**, die Ge|bo|te
ge|brau|chen, die Ge|brauchs|an|wei|sung
das **Ge|brüll**
die **Ge|bühr**, die Ge|büh|ren
die **Ge|burt**, die Ge|bur|ten
der **Ge|burts|tag**, die Ge|burts|ta|ge
das **Ge|büsch**, die Ge|bü|sche
das **Ge|dächt|nis**
der **Ge|dan|ke**, die Ge|dan|ken
das **Ge|dicht**, die Ge|dich|te
das **Ge|drän|ge**
die **Ge|duld**, ge|dul|dig
ge|eig|net
die **Ge|fahr**, die Ge|fah|ren, ge|fähr|lich
ge|fal|len, sie ge|fällt, ge|fiel, hat ge|fal|len
der **Ge|fan|ge|ne**, die Ge|fan|ge|nen
das **Ge|fäng|nis**, die Ge|fäng|nis|se
das **Ge|fäß**, die Ge|fä|ße
das **Ge|fie|der**
das **Ge|flü|gel**
ge|frä|ßig
das **Ge|fühl**, die Ge|füh|le
ge|gen, ge|gen|ei|nan|der, ge|gen|über
die **Ge|gend**, die Ge|gen|den
der **Ge|gen|satz**, die Ge|gen|sät|ze
ge|gen|sei|tig

A B C D E F **G** H I J K L M N O P Q R S T U V W X Y Z

der **Ge|gen|stand**, die Ge|gen|stän|de
das **Ge|gen|teil**
die **Ge|gen|wart**
der **Geg|ner**, die Geg|ner
das **Ge|halt**, die Ge|häl|ter
ge|häs|sig
das **Ge|häu|se**, die Ge|häu|se
das **Ge|he|ge**, die Ge|he|ge
ge|heim
das **Ge|heim|nis**, die Ge|heim-nis|se, ge|heim|nis|voll
ge|hen, du gehst, er geht, ging, ist ge|gan|gen
ge|heu|er
der **Ge|hil|fe**, die Ge|hil|fen
das **Ge|hirn**, die Ge|hir|ne
das **Ge|hör**
ge|hor|chen, sie ge|horcht, ge|horch|te, hat ge|horcht
ge|hö|ren, es ge|hört ihr, ge|hör|te ihr, hat ihr ge|hört
der **Gei|er** (Greifvogel), die Gei|er
die **Gei|ge**, die Gei|gen
der **Geist**, die Geis|ter
der **Geiz**, der Geiz|hals, gei|zig
das **Ge|läch|ter**
das **Ge|län|de**
das **Ge|län|der**, die Ge|län|der
ge|las|sen, die Ge|las|sen|heit
gelb, gel|be Tassen, gelb|grün, das Gel|be im Ei
das **Geld**, die Gel|der
das/der **Ge|lee**, die Ge|lees
die **Ge|le|gen|heit**, die Ge|le-gen|hei|ten, ge|le|gent|lich
ge|lehrt, der Ge|lehr|te
das **Ge|lenk**, die Ge|len|ke, ge|len|kig
ge|lin|gen, es ge|lingt, ge|lang, ist ge|lun|gen
gel|ten, es gilt, es galt, hat ge|gol|ten
ge|mäch|lich
das **Ge|mäl|de**, die Ge|mäl|de
das **Ge|me|cker**
ge|mein, die Ge|mein|heit
die **Ge|mein|de**, die Ge|mein|den
ge|mein|sam, die Ge|mein|sam|keit
die **Ge|mein|schaft**, die Ge|mein|schaf|ten, ge|mein|schaft|lich
das **Ge|mur|mel**
das **Ge|mü|se**, die Ge|mü|se

das **Ge|müt**, die Ge|mü|ter
ge|müt|lich, die Ge|müt|lich|keit
ge|nau, die Ge|nau|ig|keit
ge|neh|mi|gen, er ge|neh|migt, ge|neh|mig|te, hat ge|neh|migt, die Ge|neh|mi|gung
der **Ge|ne|ral**, die Ge|ne|rä|le
die **Ge|ne|ra|ti|on**, die Ge|ne|ra|ti|o|nen
ge|ni|al
das **Ge|nick**
das **Ge|nie** (höchstbegabter Mensch), die Ge|nies
ge|nie|ßen, sie ge|nießt, ge|noss, hat ge|nos|sen, der Ge|nuss
der **Ge|ni|tiv** (Wesfall – 2. Fall)
ge|nug, genug haben
ge|nü|gen, es ge|nügt, ge|nü|gend
der **Ge|nuss**, die Ge|nüs|se
die **Geo|gra|phie**, *auch:* Geo|gra|fie
das **Ge|päck**
der **Ge|pard** (Raubkatze), die Ge|par|den
ge|ra|de, ge|ra|de|aus
die **Ge|ra|nie** (Blume), die Ge|ra|ni|en
das **Ge|rät**, die Ge|rä|te
ge|ra|ten, es ge|rät, ge|riet, ist ge|ra|ten
ge|räu|mig
das **Ge|räusch**, die Ge|räu|sche
ge|recht, die Ge|rech|tig|keit
das **Ge|richt**, die Ge|rich|te
ge|ring
ge|rin|nen, sie ge|rinnt, ge|rann, ist ge|ron|nen
das **Ge|rip|pe**, die Ge|rip|pe
ge|ris|sen (schlau)
der **Ger|ma|ne**, die Ger|ma|nen
gern *oder:* ger|ne, gernhaben
die **Gers|te** (Getreide)
der **Ge|ruch**, die Ge|rü|che
das **Ge|rücht**, die Ge|rüch|te
das **Ge|rüm|pel**
das **Ge|rüst**, die Ge|rüs|te
ge|samt, ins|ge|samt
der **Ge|sang**, die Ge|sän|ge
das **Ge|säß**
das **Ge|schäft**, die Ge|schäf|te

A B C D E F **G** H I J K L M N O P Q R S T U V W X Y Z

ge|sche|hen, es ge|schieht, ge|schah, ist ge|sche|hen
ge|scheit (klug)
das **Ge|schenk**, die Ge|schen|ke
die **Ge|schich|te**, die Ge|schich|ten
ge|schickt, die Ge|schick|lich|keit
das **Ge|schirr**
das **Ge|schlecht**, die Ge|schlech|ter
der **Ge|schmack**, die Ge|schmä|cker
das **Ge|schöpf**, die Ge|schöp|fe
das **Ge|schoss**, die Ge|schos|se
das **Ge|schrei**
das **Ge|schütz**, die Ge|schüt|ze
das **Ge|schwätz**, ge|schwät|zig
ge|schwind, die Ge|schwin|dig|keit
die **Ge|schwis|ter**
das **Ge|schwür**, die Ge|schwü|re
der **Ge|sel|le**, die Ge|sel|len
die **Ge|sell|schaft**, die Ge|sellschaf|ten, ge|sel|lig
das **Ge|setz**, die Ge|set|ze, ge|setz|lich
das **Ge|sicht**, die Ge|sich|ter
das **Ge|sin|del**
das **Ge|spann**, die Ge|span|ne
das **Ge|spenst**, die Ge|spens|ter, ge|spens|tisch
das **Ge|spräch**, die Ge|sprä|che
das **Ge|spür**
die **Ge|stalt**, die Ge|stal|ten
ge|stal|ten, die Ge|stal|tung
das **Ge|ständ|nis**, die Ge|ständ|nis|se
der **Ge|stank**
ge|stat|ten, er ge|stat|tet, ge|stat|te|te, hat ge|stat|tet
die **Ges|te**, die Ges|ten
ge|ste|hen, sie ge|steht, ge|stand, hat ge|stan|den, das Ge|ständ|nis
das **Ge|stein**, die Ge|stei|ne
das **Ge|stell**, die Ge|stel|le
ges|tern, gestern Abend
das **Ge|strüpp**
ge|sund, ge|sün|der, am ge|sün|des|ten
die **Ge|sund|heit**
das **Ge|tö|se** (Krach, Lärm)
das **Ge|tränk**, die Ge|trän|ke
das **Ge|trei|de**
das **Ge|trie|be**, die Ge|trie|be

das **Ge|wächs**, die Ge|wäch|se
die **Ge|walt**, die Ge|wal|ten, ge|wal|tig
das **Ge|wand**, die Ge|wän|der
ge|wandt (geschickt)
das **Ge|wäs|ser**, die Ge|wäs|ser
das **Ge|we|be**, die Ge|we|be
das **Ge|wehr**, die Ge|weh|re
das **Ge|weih**, die Ge|wei|he
das **Ge|wer|be**, die Ge|wer|be
ge|we|sen ↗ sein
das **Ge|wicht**, die Ge|wich|te
das **Ge|wim|mel**
das **Ge|win|de**, die Ge|win|de
der **Ge|winn**, die Ge|win|ne
ge|win|nen, er ge|winnt, ge|wann, hat ge|won|nen
das **Ge|wirr**
ge|wiss, die Ge|wiss|heit
das **Ge|wis|sen**
das **Ge|wit|ter**, die Ge|wit|ter
sich **ge|wöh|nen**, ge|wöhn|lich
die **Ge|wohn|heit**, die Ge|wohn|hei|ten, etwas ge|wohnt sein
das **Ge|wöl|be**, die Ge|wöl|be, ge|wölbt
das **Ge|wühl**
das **Ge|würz**, die Ge|wür|ze

die **Ge|zei|ten** (Ebbe und Flut)
das **Ge|ze|ter**
das **Ge|zwit|scher**
der **Gie|bel**, die Gie|bel
die **Gier**, gie|rig
gie|ßen, sie gießt, goss, hat ge|gos|sen, der Guss
das **Gift**, die Gif|te, gif|tig
der **Gins|ter** (Strauch)
der **Gip|fel**, die Gip|fel
der **Gips**, gip|sen
die **Gi|raf|fe**, die Gi|raf|fen
die **Gir|lan|de**, die Gir|lan|den
die **Gi|tar|re**, die Gi|tar|ren
das **Git|ter**, die Git|ter
der **Glanz**
glän|zen, es glänzt, glänz|te, hat ge|glänzt
das **Glas**, die Glä|ser
die **Gla|sur**, die Gla|su|ren
glatt, die Glät|te
die **Glat|ze**, die Glat|zen
der **Glau|be**, gläu|big
glau|ben, er glaubt, glaub|te, hat ge|glaubt
gleich, die Gleich|be|rech-ti|gung, das Gleich|ge|wicht, gleich|gül|tig, gleich|mä|ßig, gleich|zei|tig

das **Gleis**, die Glei|se
glei|ten, sie glei|tet, glitt, ist ge|glit|ten
der **Glet|scher**, die Glet|scher
das **Glied**, die Glie|der, glie|dern, die Glie|de|rung
glim|men, es glimmt, glimm|te/glomm, hat ge|glimmt/ge|glom|men
glimpf|lich (ohne Schaden)
glit|schig
glit|zern, der Gli|tzer, glitz(e)|rig
der **Glo|bus**, die Glo|bus|se *oder:* die Glo|ben
die **Glo|cke**, die Glo|cken
glot|zen, er glotzt, glotz|te, hat ge|glotzt, die Glot|ze (Fernseher)
das **Glück**, glück|lich, der Glück|wunsch
die **Glu|cke**, die Glu|cken
glu|ckern
glü|hen, es glüht, glüh|te, hat ge|glüht, glü|hend heiß
die **Glut**, die Glu|ten
die **Gna|de**, gnä|dig
der **Gnom** (Zwerg, Kobold), die Gno|me
der **Go|ckel** (Hahn), die Go|ckel
das **Gold** (Metall), gol|den, gol|dig
das **Golf** (Rasenspiel), der Gol|fer
die **Gon|del**, die Gon|deln
der **Gong**, die Gongs
gön|nen, sie gönnt ihm, gönn|te, hat ge|gönnt
der **Go|ril|la**, die Go|ril|las
der **Gott**, die Göt|ter, gött|lich
das **Grab**, die Grä|ber
gra|ben, er gräbt, grub, hat ge|gra|ben
der **Gra|ben**, die Grä|ben
das **Grad**, die Gra|de, zehn Grad (10°)
der **Graf**, die Gra|fen
die **Grä|fin**, die Grä|fin|nen
das **Gramm** (*kurz:* g), acht Gramm (8 g)
die **Gram|matik**
die **Gra|na|te**, die Gra|na|ten
das **Gras**, die Grä|ser
gräss|lich
die **Grä|te**, die Grä|ten

gra|tis (ohne Geld)
die **Grät|sche**, die Grät|schen
gra|tu|lie|ren, sie gra|tu|liert, gra|tu|lier|te, hat gra|tu|liert, die Gra|tu|la|ti|on
grau, gräu|lich
grau|en (allmählich hell oder dunkel werden), der Morgen graut, im Mor|gen|grau|en
grau|en (Furcht haben), mir graut, grau|en|haft, grau|en|er|re|gend
die **Grau|pe**, die Grau|pen
grau|sam, Grau|sam|keit
gra|vie|ren, die Gra|vur
grei|fen, er greift, griff, hat ge|grif|fen, der Griff
der **Greis**, die Grei|se
grell
die **Gren|ze**, die Gren|zen, an|gren|zen
Grie|chen|land, der Grie|che, grie|chisch
der **Gries|gram**
der **Grieß**, der Grieß|brei
der **Griff**, die Grif|fe
der **Grill**, die Grills, gril|len
die **Gril|le** (Insekt), die Gril|len
die **Gri|mas|se**, die Gri|mas|sen
grim|mig
grin|sen
die **Grip|pe**
der **Grips**
grob
grö|len
grol|len, sie grollt, groll|te, hat ge|grollt, der Groll
der **Gro|schen**, die Gro|schen
groß, grö|ßer, am größ|ten
Groß|bri|tan|ni|en
die **Grö|ße**, die Grö|ßen
die **Grot|te**, die Grot|ten
die **Gru|be**, die Gru|ben
grü|beln, er grü|belt, grü|bel|te, hat ge|grü|belt
grün
der **Grund**, die Grün|de, gründ|lich, das Grund-stück, der Grund|riss
grün|den, sie grün|det, grün|de|te, hat ge|grün|det, die Grün|dung
grun|zen, es grunzt, grunz|te, hat ge|grunzt
die **Grup|pe**, die Grup|pen

A B C D E F **G** **H** I J K L M N O P Q R S T U V W X Y Z

sich **gru|seln**, er gru|selt sich, gru|sel|te sich, hat sich ge|gru|selt, gru|se|lig

der **Gruß**, die Grü|ße

grü|ßen, sie grüßt, grüß|te, hat ge|grüßt

gu|cken, du guckst, er guckt, guck|te, hat ge|guckt

der/das **Gu|lasch**

der **Gul|ly**, die Gul|lys

gül|tig, die Gül|tig|keit

der/das **Gum|mi**, die Gum|mis

güns|tig

die **Gur|gel**, die Gur|geln, gur|geln

die **Gur|ke**, die Gur|ken

der **Gurt**, die Gur|te

der **Gür|tel**, die Gür|tel

der **Guss**, die Güs|se

gut, bes|ser, am bes|ten, alles Gu|te

das **Gut**, die Gü|ter

die **Gü|te**, gü|tig

das **Gym|na|si|um**, die Gym|na|si|en

die **Gym|nas|tik**

das **Gy|ros** (griechische Speise)

H h

das **Haar**, die Haa|re, *aber:* das Här|chen

das **Haar|spray**, die Haar|sprays

ha|ben, du hast, sie hat, ihr habt, sie hat|te, hat ge|habt

hab|gie|rig

der **Ha|bicht** (Greifvogel), die Ha|bich|te

die **Ha|cke**, die Ha|cken

ha|cken, du hackst, er hackt, hack|te, hat ge|hackt

der **Ha|fen**, die Hä|fen

der **Ha|fer** (Getreide), die Ha|fer|flo|cken

die **Haft**, haf|ten, der Häft|ling, die Haf|tung

die **Ha|ge|but|te** (Frucht der Rose), die Ha|ge|but|ten

der **Ha|gel**

ha|geln, es ha|gelt, ha|gel|te, hat ge|ha|gelt

ha|ger

der **Hahn**, die Häh|ne

der **Hai**, die Haie
häkeln, sie häkelt, häkelte, hat gehäkelt
der **Haken**, die Haken
halb, halbe, halbieren, die Halbinsel, die Halbzeit
die **Hälfte**, die Hälften
die **Halle**, die Hallen
hallen
Hallo!
der **Halm**, die Halme
das **Halma**
der **Hals**, die Hälse
der **Halt**, Halt machen/haltmachen; Halt!
haltbar, die Haltbarkeit
halten, du hältst, er hält, hielt, hat gehalten, die Haltestelle, das Halteverbot, die Haltung
der **Halunke**, die Halunken
Hamburg, der Hamburger, hamburgisch
hämisch
der **Hammel** (männliches Schaf), die Hammel
der **Hammer**, die Hämmer
hämmern, sie hämmert, hämmerte, hat gehämmert
hampeln, der Hampelmann
der **Hamster**, die Hamster
die **Hand**, die Hände, die Handschuhe, das Handtuch, das Handwerk
handeln, er handelt, handelte, hat gehandelt, der Handel, der Händler
die **Handlung**, die Handlungen
der **Handwerker**, die Handwerker
das **Handy**, die Handys (Mobiltelefon)
der **Hanf** (Pflanze)
der **Hänfling** (Singvogel), die Hänflinge
der **Hang**, die Hänge
hängen, es hängt (an der Wand), hing, hat gehangen
hängen, sie hängt (das Bild an die Wand), hängte, hat gehängt

hän|seln, er hän|selt, hän|sel|te, hat ge|hän|selt
die **Han|tel**, die Han|teln
han|tie|ren
der **Hap|pen**, die Hap|pen
das **Här|chen**, die Här|chen
die **Har|fe**, die Har|fen
die **Har|ke**, die Har|ken
der **Har|le|kin**
harm|los
har|mo|nisch, die Har|mo|nie
die **Har|pu|ne** (pfeilartiges Geschoss), die Har|pu|nen
hart, här|ter, die Här|te
das **Harz**, die Har|ze
der **Harz** (Gebirge)
der **Ha|se**, die Hä|sin, die Ha|sen, ha|sen|her|zig (feige)
die **Ha|sel|nuss**, die Ha|sel|nüs|se
der **Hass**
has|sen, du hasst, sie hass|te, hat ge|hasst
häss|lich
du **hast** ↗ haben
die **Hast**, has|ten, has|tig
er **hat**, er hat|te ↗ haben
Hat|schi!
die **Hau|be**, die Hau|ben
der **Hauch**
hau|chen, sie haucht, hauch|te, hat ge|haucht
hau|en, er haut, hau|te, hat ge|hau|en
der **Hau|fen**, die Hau|fen, hau|fen|wei|se
häu|fig
das **Haupt**, die Häup|ter, haupt|säch|lich
das **Haus**, die Häu|ser, nach Hau|se/nachhause, zu Hau|se/zuhause
hau|sen, sie haust, haus|te, hat ge|haust
der **Haus|halt**, die Haus|hal|te
die **Haut**, die Häu|te, sich häu|ten
die **Ha|xe**, die Ha|xen
die **Heb|am|me** (Geburtshelferin), die Heb|am|men
der **He|bel**, die He|bel
he|ben, er hebt, hob, hat ge|ho|ben
der **Hecht** (Raubfisch), die Hech|te
die **He|cke**, die He|cken

das **Heer**, die Hee|re
die **He|fe**, der He|fe|teig
das **Heft**, die Hef|te
hef|tig
die **Hei|de** (sandiges, unbebautes Land), das Hei|de|kraut
die **Hei|del|bee|re**, die Hei|del|bee|ren
heil, heil|bar, heil|froh
hei|len, die Hei|lung
hei|lig, die Hei|li|gen, der Hei|li|ge Abend (24. Dezember), die Heiligen Drei Könige (6. Januar)
heim, heim|fah|ren, heim|keh|ren
das **Heim**, die Hei|me
die **Hei|mat**, hei|mat|lich
heim|lich
das **Heim|weh**
das **Hein|zel|männ|chen**, die Hein|zel|männ|chen
hei|ra|ten, sie hei|ra|tet, hei|ra|te|te, hat ge|hei|ra|tet, die Hei|rat
hei|ser, die Hei|ser|keit
heiß
hei|ßen, er heißt, hieß
hei|ter, die Hei|ter|keit
hei|zen, sie heizt, heiz|te, hat ge|heizt, die Hei|zung
die **Hek|tik**, hek|tisch
der **Held**, die Hel|din, die Hel|den
hel|fen, er hilft, half, hat ge|hol|fen, die Hil|fe; Hilf mir!
hell, die Hel|lig|keit, hell|wach
der **Helm**, die Hel|me
das **Hemd**, die Hem|den
hem|men, die Hem|mung
der **Hengst**, die Hengs|te
der **Hen|kel**, die Hen|kel
die **Hen|ne**, die Hen|nen
her, hin und her, her|ge|ben

her-: Es gibt viele Wörter mit her-, heran-, herauf-, heraus-, herein-, herüber-, hervor-. Suche auch bei dem Wort, das den letzten Wortteil bildet (z. B. herauskriechen, hersehen).

he|rab, he|rab|fal|len
he|ran, he|ran|brin|gen

A B C D E F G **H** I J K L M N O P Q R S T U V W X Y Z

A B C D E F G **H** I J K L M N O P Q R S T U V W X Y Z

he|rauf, he|rauf|zie|hen
he|raus, he|raus|ge|hen
herb
das **Her|ba|ri|um** (Sammlung getrockneter Pflanzen), die Her|ba|ri|en
her|bei, her|bei|lau|fen
die **Her|ber|ge**, die Her|ber|gen
der **Herbst**, herbst|lich
der **Herd**, die Her|de
die **Her|de**, die Her|den
he|rein, he|rein|kom|men
der **He|ring** (1. Fisch, 2. Zeltbefestigung), die He|rin|ge
die **Her|kunft**
der **Herr**, die Her|ren
herr|lich
herr|schen, sie herrscht, herrsch|te, hat ge|herrscht, der Herr|scher, die Herr|sche|rin
her|stel|len, die Her|stel|lung
he|rü|ber, he|rü|ber|brin|gen
he|rum, he|rum|lau|fen
he|run|ter, he|run|ter|fal|len
her|vor, her|vor|he|ben
her|vor|ra|gend
das **Herz**, die Her|zen, herz|lich
Hes|sen, die Hes|sen, hes|sisch
het|zen, er hetzt, hetz|te, hat den Hund ge|hetzt, ist (ab)ge|hetzt, die Het|ze|rei
das **Heu**
heu|cheln, sie heu|chelt, heu|chel|te, hat ge|heu-chelt, heuch|le|risch, der Heuch|ler
heu|len, das ist ja zum Heu|len
die **Heu|schre|cke**, die Heu|schre|cken
heu|te, heute Morgen
die **He|xe**, die He|xen, he|xen, ver|hext
der **Hieb**, die Hie|be
hier, hier bleiben
hier|her
die **Hi-Fi-An|la|ge**
die **Hil|fe**, die Hil|fen, hilf|los, hilfs|be|reit
die **Him|bee|re**, die Him|bee|ren

der **Him|mel**
hin, hin und her, hin|se|hen

hin-: Es gibt viele Wörter mit hin-, hinab-, hinauf-, hinaus-, hinein-, hinüber-, hinunter-. Suche auch bei dem Wort, das den letzten Wortteil bildet (z. B. hinsehen, hinaufgehen).

hi|nab, hi|nab|stei|gen
hi|nauf, hi|nauf|schau|en
hi|naus, hi|naus|leh|nen
hin|dern, ver|hin|dern, das Hin|der|nis
hin|durch
hi|nein, hi|nein|tun
hin|fal|len, er fällt hin, fiel hin, ist hin|ge|fal|len
hin|ken, sie hinkt, hink|te, hat ge|hinkt
sich **hin|set|zen**, er setzt sich hin, setz|te sich hin, hat sich hin|ge|setzt
hin|ten
hin|ter, hin|ter|ei|nan|der, der Hin|ter|grund, hin|ter|her, hin|ter|lis|tig
der **Hin|ter|halt**, hin|ter|häl|tig
der **Hin|tern**, auf den Hintern setzen
hi|nü|ber, hi|nü|ber-sprin|gen
hi|nun|ter, hi|nun|ter-schlu|cken
der **Hin|weis**, die Hin|wei|se
hin|wei|sen, sie weist hin, wies hin, hat hin|ge|wie|sen
hin|zu, hin|zu|kom|men
der **Hirsch**, die Hir|sche
die **Hir|se** (Getreide)
der **Hirt** *oder:* der Hir|te, die Hir|ten, der Zie|gen|hirt
der **Hit**, die Hits
die **Hit|ze**
das **Hob|by**, die Hob|bys
der **Ho|bel**, die Ho|bel, ho|beln
hoch, hö|her, am höchs-ten, der ho|he Baum, die Hö|he, höchs|tens
der **Hoch|mut**, hoch|mü|tig
die **Hoch|zeit**, die Hoch|zei|ten
ho|cken, er hockt, hock|te, hat ge|hockt, der Ho|cker
das **Ho|ckey**
der **Ho|den**, die Ho|den

der **Hof**, die Höfe
hoffen, sie hofft, hoffte, hat gehofft, hoffentlich, die Hoffnung
höflich, die Höflichkeit
die **Höhe**, die Höhen, der Höhepunkt
hohl
die **Höhle**, die Höhlen
der **Hohn**, höhnisch
Hokuspokus
holen, er holt, holte, hat geholt
Holland, holländisch
die **Hölle**, höllisch
holpern, holp(e)rig
der **Holunder** (Strauch)
das **Holz**, die Hölzer
der **Honig**
der **Hopfen** (Kletterpflanze)
hoppeln, sie hoppelt, hoppelte, ist gehoppelt
Hoppla!
hopsen, er hopst, hopste, hat/ist gehopst, der Hopser
horchen, sie horcht, horchte, hat gehorcht
die **Horde**, die Horden
hören, er hört, hörte, hat gehört, hörbar, der Hörer
der **Horizont**, horizontal
das **Horn**, die Hörner
die **Hornisse** (Wespenart), die Hornissen
das **Horoskop**, die Horoskope
der **Horror**
der **Horst** (Greifvogelnest), die Horste
der **Hort** (1. Schatz, 2. Kinderhort), die Horte, Geld horten
die **Hose**, die Hosen
das **Hospital** (Krankenhaus), die Hospitäler
der **Hotdog**, die Hotdogs, *auch:* der Hot Dog
das **Hotel**, die Hotels
hübsch
der **Hubschrauber**, die Hubschrauber
huckepack
der **Huf**, die Hufe
die **Hüfte**, die Hüften
der **Hügel**, die Hügel, hüg(e)lig

A B C D E F G H I J K L M N O P Q R S T U V W X Y Z

das **Huhn**, die Hüh|ner
die **Hül|le**, die Hül|len
die **Hül|se**, die Hül|sen
die **Hum|mel**, die Hum|meln
der **Hum|mer** (Krebsart), die Hum|mer
der **Hu|mor**, hu|mor|voll
hum|peln, sie hum|pelt, hum|pel|te, hat/ist ge|hum|pelt
der **Hu|mus** (fruchtbare Bodenschicht)
der **Hund**, die Hun|de, die Hün|din
hun|dert, ein|hun|dert, bis hundert zählen, hun|dert|mal, die hun|derts|te Reihe, hun|dert|pro|zen|tig
der **Hun|ger**, hung|rig
hun|gern, er hun|gert, hun|ger|te, hat ge|hun|gert
die **Hu|pe**, die Hu|pen, hu|pen
hüp|fen, sie hüpft, hüpf|te, ist ge|hüpft
die **Hür|de**, die Hür|den, der Hür|den|lauf
Hur|ra!
hu|schen, du huschst, er huscht, husch|te, ist ge|huscht
hus|ten, sie hus|tet, hus|te|te, hat ge|hus|tet, der Hus|ten
der **Hut**, die Hü|te
hü|ten, er hü|tet, hü|te|te, hat ge|hü|tet
die **Hüt|te**, die Hüt|ten
der **Hy|drant** (Wasserzapf-stelle an der Straße), die Hy|dran|ten
die **Hy|gie|ne** (Sauberkeit), hy|gie|nisch

A B C D E F G H **I** J K L M N O P Q R S T U V W X Y Z

I i

ich
ide|al
die **Idee**, die Ide|en
der **Idi|ot**, die Idi|o|ten,
idi|o|tisch
idyl|lisch, die Idyl|le
der **Igel**, die Igel
das **Ig|lu**, die Ig|lus
ihm, er hört ihm zu
ihn, sie mag ihn
ih|nen, ich sage es ihnen
ihr, ih|rer Mutter,
ih|res Vaters
ih|rem, ih|ren
die **Il|lu|si|on** (Täuschung),
die Il|lu|si|o|nen
die **Il|lus|trier|te**,
die Il|lus|trier|ten
im (in dem),
im Zimmer
der **Im|biss**, die Im|bis|se
der **Im|ker** (Bienenzüchter),
die Im|ker
im|mer
imp|fen, er wird ge|impft,
die Imp|fung
im|po|nie|ren,
sie im|po|niert ihm,
im|po|nier|te ihm,
hat ihm im|po|niert
im|stan|de sein,
auch: im Stan|de sein
in, in der Schachtel
in|dem, indem du gehst,
aber: ↗ in dem Haus
in|des|sen
der **In|di|a|ner**, die In|di|a|ner
In|di|en, der In|der, in|disch
in|di|rekt
die **In|dus|trie**, die In|dus|tri|en
in|ei|nan|der
die **In|fek|ti|on** (Ansteckung),
die In|fek|ti|o|nen
der **In|fi|ni|tiv** (Grundform/
Nennform eines Verbs),
die In|fi|ni|ti|ve
die **In|for|ma|ti|on**,
die In|for|ma|ti|o|nen
in|for|mie|ren,
er in|for|miert,
in|for|mier|te,
hat in|for|miert
der **In|ge|ni|eur**,
die In|ge|ni|eu|re,
die In|ge|ni|eu|rin

der **Ing|wer** (Gewürz)
der **In|ha|ber**, die In|ha|ber, die In|ha|be|rin
in|ha|lie|ren (heilende Dämpfe einatmen), sie in|ha|liert, in|ha|lier|te, hat in|ha|liert
der **In|halt**, die In|hal|te
der **In|line|skate** (*kurz:* Inliner), die In|line|skates
in|nen
in|nig
ins (in das), ins Haus
das **In|sekt**, die In|sek|ten
die **In|sel**, die In|seln
das **In|se|rat** (Zeitungsanzeige), die In|se|ra|te, in|se|rie|ren
ins|ge|samt
in|so|fern
der **In|spek|tor**, die In|spek|to|ren, die In|spek|to|rin
der **In|stal|la|teur**, die In|stal|la|teu|re
der **In|stinkt**, die In|stink|te
das **In|sti|tut**, die In|sti|tu|te
das **In|stru|ment**, die In|stru|men|te
in|tel|li|gent, die In|tel|li|genz
in|ten|siv, die In|ten|siv|sta|ti|on
der **In|ter|ci|ty|zug**
in|te|res|sant
das **In|te|res|se**, die In|te|res|sen
sich **in|te|res|sie|ren**, er in|te|res|siert sich für etwas, in|te|res|sier|te sich, hat sich in|te|res|siert
das **In|ter|nat**, die In|ter|na|te
in|ter|na|ti|o|nal
das **In|ter|net**
das **In|ter|vall** (Abstand zwischen Tönen), die In|ter|val|le
das **In|ter|view** (Befragung), die In|ter|views
in|ter|view|en, sie in|terviewt, in|ter|view|te, hat in|ter|viewt
in|zwi|schen
ir|gend, ir|gend|wann, ir|gend|et|was, ir|gend|wie, ir|gend|wo, ir|gend|wo|her
die **Iris** (1. eine Blume, 2. Regenbogenhaut des Auges)

A B C D E F G H **I** **J** K L M N O P Q R S T U V W X Y Z

Ir|land, der Ire, die Irin, irisch
die **Iro|nie**, iro|nisch
sich **ir|ren**, er irrt sich, irr|te sich, hat sich ge|irrt
der **Irr|tum**, die Irr|tü|mer, irr|tüm|lich
der **Is|lam** (die Religion der Mohammedaner), is|la|misch
Is|land, is|län|disch
iso|lie|ren, das Iso|lier|band
Is|ra|el, der/die Is|ra|e|li, is|ra|e|lisch
sie **isst** ↗ essen
es **ist** ↗ sein
Ita|li|en, ita|li|e|nisch

J j

ja
die **Jacht**, die Jach|ten, *auch:* ↗ die Yacht
die **Ja|cke**, die Ja|cken
ja|gen, sie jagt, jag|te, hat ge|jagt, die Jagd
der **Ja|gu|ar** (Raubkatze), die Ja|gu|a|re
jäh, jäh|lings
das **Jahr**, die Jah|re, jähr|lich, das acht|jäh|ri|ge Kind
der **Jahr|markt**, die Jahr|märk|te
der **Jäh|zorn**, jäh|zor|nig
die **Ja|lou|sie**, die Ja|lou|si|en
der **Jam|mer**, jam|mern
der **Ja|nu|ar**
Ja|pan, ja|pa|nisch
jap|sen, er japst, japs|te, hat ge|japst
der **Jas|min** (Strauch)
jä|ten, sie jä|tet, jä|te|te, hat ge|jä|tet
die **Jau|che**
jauch|zen, er jauchzt, jauchz|te, hat ge|jauchzt

jaulen, sie jault, jaulte, hat gejault
jawohl
der **Jazz**, die Jazzmusik
je, je länger, desto besser, je nachdem
die **Jeans**
jede, jeder, jedes
jedenfalls
jedoch (aber)
der **Jeep** (Geländewagen), die Jeeps
jemals
jemand
jene, jener, jenes
jenseits
Jesus Christus
der **Jet** (Düsenflugzeug), die Jets
jetzt
jeweils
der **Job**, die Jobs
jobben, er jobbt, jobbte, hat gejobbt
das **Jod**, das Jodsalz
jodeln, der Jodler
joggen, du joggst, sie joggt, joggte, hat gejoggt
der/das **Joghurt**, die Joghurts, *auch:* der/das Jogurt
die **Johannisbeere**, die Johannisbeeren
johlen, er johlt, johlte, hat gejohlt
der **Joker**, die Joker
der **Jongleur**, die Jongleure
jonglieren, sie jongliert, jonglierte, hat jongliert
der **Journalist**, die Journalisten, die Journalistin
jubeln, der Jubel
das **Jubiläum**, die Jubiläen
jucken, es juckt, juckte, hat gejuckt
der **Jude**, die Juden, die Jüdin, jüdisch
das **Judo** (Sportart)
die **Jugend**, die Jugendherberge, jugendlich
der **Juli**
jung, jünger
der **Junge**, die Jungen
der **Juni**
der **Jurist**, die Juristen, die Juristin
der **Juwel** (Edelstein), die Juwelen

K k

das **Ka|bel**, die Ka|bel
die **Ka|bi|ne**, die Ka|bi|nen
die **Ka|chel**, die Ka|cheln
der **Kä|fer**, die Kä|fer
der **Kaf|fee**
der **Kä|fig**, die Kä|fi|ge
kahl
der **Kahn**, die Käh|ne
der **Kai** (befestigtes Hafenufer), die Kais
der **Kai|ser**, die Kai|ser
die **Kai|se|rin**, die Kai|se|rin|nen
der **Ka|ka|du**, die Ka|ka|dus
der **Ka|kao**
der **Ka|ker|lak** (Insekt) *oder:* die Ka|ker|la|ke, die Ka|ker|la|ken
der **Kak|tus**, die Kak|teen
das **Kalb**, die Käl|ber
der **Ka|len|der**, die Ka|len|der
der **Kalk**
die **Ka|lo|rie**, die Ka|lo|ri|en
kalt, käl|ter, die Käl|te
er **kam** ↗ kommen
das **Ka|mel**, die Ka|me|le
die **Ka|me|ra**, die Ka|me|ras
der **Ka|me|rad**, die Ka|me|ra|den, die Ka|me|ra|din
die **Ka|mil|le**, der Ka|mil|len|tee
der **Ka|min**, die Ka|mi|ne
der **Kamm**, die Käm|me
käm|men, sie kämmt, kämm|te, hat ge|kämmt
die **Kam|mer**, die Kam|mern
der **Kampf**, die Kämp|fe
kämp|fen, er kämpft, kämpf|te, hat ge|kämpft
Ka|na|da, ka|na|disch
der **Ka|nal**, die Ka|nä|le, die Ka|na|li|sa|ti|on (unterirdische Abwasserkanäle)
der **Ka|na|ri|en|vo|gel**, die Ka|na|ri|en|vö|gel
der **Kan|di|dat**, die Kan|di|da|ten, die Kan|di|da|tin
der **Kan|dis|zu|cker**
das **Kän|gu|ru**, die Kän|gu|rus
das **Ka|nin|chen**, die Ka|nin|chen
der **Ka|nis|ter**, die Ka|nis|ter
sie **kann** ↗ können
die **Kan|ne**, die Kan|nen
der **Ka|non**, die Ka|nons
die **Ka|no|ne**, die Ka|no|nen

die **Kan|te**, die Kan|ten, kan|tig
das **Ka|nu**, die Ka|nus
die **Kan|zel**, die Kan|zeln
der **Kanz|ler**, die Kanz|ler, die Kanz|le|rin
die **Ka|pel|le** (1. Musikergruppe, 2. kleiner Kirchenraum), die Ka|pel|len
ka|pern, ein Schiff kapern
ka|pie|ren, er ka|piert, ka|pier|te, hat ka|piert
der **Ka|pi|tän**, die Ka|pi|tä|ne
das **Ka|pi|tel**, die Ka|pi|tel
die **Kap|pe**, die Kap|pen
die **Kap|sel**, die Kap|seln
ka|putt, ka|putt|ma|chen
die **Ka|pu|ze**, die Ka|pu|zen
der **Ka|ra|mell** (gebrannter Zucker), Ka|ra|mell|bon|bon
das **Ka|ra|te** (Kampfsportart)
die **Ka|ra|wa|ne**, die Ka|ra|wa|nen
der **Kar|frei|tag** (Feiertag)
karg
ka|riert
die **Ka|ri|es**
der **Kar|ne|val**
das **Kar|ni|ckel** (Kaninchen), die Kar|ni|ckel
das **Ka|ro**, die Ka|ros
die **Ka|rot|te** (Möhre), die Ka|rot|ten
der **Karp|fen** (Fisch), die Karp|fen
die **Kar|re**, die Kar|ren
die **Kar|te**, die Kar|ten
die **Kar|tei**, die Kar|tei|en
die **Kar|tof|fel**, die Kar|tof|feln
der **Kar|ton**, die Kar|tons
das **Ka|rus|sell**, die Ka|rus|sells
der **Kä|se**
der **Kas|per**, die Kas|per
die **Kas|se**, die Kas|sen
die **Kas|set|te**, die Kas|set|ten, der Kas|set|ten|re|kor|der
kas|sie|ren, sie kas|siert, kas|sier|te, hat kas|siert
die **Kas|ta|nie** (Laubbaum), die Kas|ta|ni|en, die Rosskas|ta|nie, die Ess|kas|ta|nie
der **Kas|ten**, die Käs|ten
der **Ka|ta|log**, die Ka|ta|lo|ge
das **Ka|ta|pult**, die Ka|ta|pul|te, ka|ta|pul|tie|ren
die **Ka|ta|stro|phe**, die Ka|ta|stro|phen, ka|ta|stro|phal
der **Ka|ter**, die Ka|ter

A B C D E F G H I J **K** L M N O P Q R S T U V W X Y Z

der **Ka|tho|lik**, die Ka|tho|li|ken, ka|tho|lisch
die **Kat|ze**, die Kat|zen
kau|en
kau|ern, er kau|ert, kau|er|te, hat ge|kau|ert
kau|fen, der Kauf, der Käu|fer
der **Kau|gum|mi**, die Kau|gum|mis
die **Kaul|quap|pe** (Frosch-larve), die Kaul|quap|pen
kaum
der **Kauz**, die Käu|ze, das Käuz|chen
der **Ke|fir** (Getränk aus gegorener Milch)
der **Ke|gel**, die Ke|gel, ke|geln
die **Keh|le**, die Keh|len
keh|ren, sie kehrt, kehr|te, hat ge|kehrt
kei|fen
der **Keil**, die Kei|le
der **Kei|ler** (männliches Wildschwein), die Kei|ler
der **Keim**, die Kei|me
kei|men, es keimt, keim|te, hat ge|keimt
kein, kei|ne, kei|ner, keins
kei|nes|falls, kei|nes|wegs
der **Keks**, die Kek|se
der **Kelch**, die Kel|che
die **Kel|le**, die Kel|len
der **Kel|ler**, die Kel|ler
der **Kell|ner**, die Kell|ner, die Kell|ne|rin
ken|nen, er kennt, kann|te, hat ge|kannt, kennen lernen/kennenlernen
die **Kennt|nis**, die Kennt|nis|se
die **Ker|be**, die Ker|ben
der **Ker|ker**, die Ker|ker
der **Kerl**, die Ker|le
der **Kern**, die Ker|ne
die **Ker|ze**, die Ker|zen
der **Kes|sel**, die Kes|sel
der/das **Ket|schup**, *auch:* Ket|chup
die **Ket|te**, die Ket|ten
keu|chen, sie keucht, keuch|te, hat ge|keucht
die **Keu|le**, die Keu|len
das **Key|board**, die Key|boards
ki|chern, die Ki|cher|erb|se
ki|cken, du kickst den Ball, er kickt, kick|te, hat ge|kickt

die **Ki|ds** (Kinder)
der **Kie|bitz** (Vogel), die Kie|bit|ze
der **Kie|fer**, die Kie|fer
die **Kie|fer** (Nadelbaum), die Kie|fern
der **Kiel** (1. Grundbalken der Schiffe, 2. Federkiel), die Kie|le
die **Kie|me** (Atmungsorgan vieler Tiere, die im Wasser leben), die Kie|men
der **Kies**, die Kies|gru|be
der **Kie|sel**, die Kie|sel
Ki|ke|ri|ki!
das **Ki|lo|gramm**, *auch:* das Kilo (*kurz:* kg), vier Kilogramm (4 kg)
der **Ki|lo|me|ter** (*kurz:* km), fünf Kilometer (5 km)
das **Kind**, die Kin|der
das **Kinn**, die Kinn|la|de, der Kinn|ha|ken
das **Ki|no**, die Ki|nos
der **Ki|osk**, die Ki|os|ke
kip|pen, sie kippt, kipp|te, hat ge|kippt
die **Kir|che**, die Kir|chen
die **Kir|mes**
die **Kir|sche**, die Kir|schen
das **Kis|sen**, die Kis|sen
die **Kis|te**, die Kis|ten
der **Kitsch**, kit|schig
der **Kitt**, kit|ten
der **Kit|tel**, die Kit|tel
das **Kitz** (Junges vom Reh), die Kit|ze
kit|zeln, es kit|zelt, kit|zel|te, hat ge|kit|zelt, kitz(e)|lig
die **Ki|wi**, die Ki|wis
der **Klacks**
kläf|fen, er kläfft, kläff|te, hat ge|kläfft
die **Kla|ge**, die Kla|gen
kla|gen, sie klagt, klag|te, hat ge|klagt
klamm (feucht)
die **Klam|mer**, die Klam|mern, klam|mern, fest|klam|mern
die **Kla|mot|te**, die Kla|mot|ten
der **Klang**, die Klän|ge
die **Klap|pe**, die Klap|pen
klap|pen, es klappt, klapp|te, hat ge|klappt
klap|pern, es klap|pert, klap|per|te, hat ge|klap|pert, die Klap|per

der **Klaps**, die Klap|se

klar, kla|res Wasser, es geht klar, mir wird klar, ich bin mir darüber im Kla|ren, die Klar|heit, klar|kom|men

klä|ren, die Klä|rung

die **Kla|ri|net|te** (Holzblasinstrument), die Kla|ri|net|ten

die **Klas|se**, die Klas|sen

klat|schen, du klatschst, er klatscht, klatsch|te, hat ge|klatscht

die **Klaue** (Fuß von Rindern und Schweinen), die Klau|en

klau|en, sie klaut, klau|te, hat ge|klaut

das **Kla|vier**, die Kla|vie|re

kle|ben, es klebt, kleb|te, hat ge|klebt, kleb|rig, der Kleb|stoff

kle|ckern, er kle|ckert, kle|cker|te, hat ge|kle|ckert

der **Klecks**, die Kleck|se

kleck|sen, du kleckst, sie kleckst, klecks|te, hat ge|kleckst

der **Klee**, das Klee|blatt

der **Klei|ber** (Singvogel), die Klei|ber

das **Kleid**, die Klei|der, die Klei|dung, sich klei|den

klein, die Klei|nig|keit

der **Kleis|ter**

die **Klem|me**, die Klem|men

klem|men, es klemmt, klemm|te, hat ge|klemmt

der **Klemp|ner**, die Klemp|ner

die **Klet|te**, die Klet|ten, der Klett|ver|schluss

klet|tern, er klet|tert, klet|ter|te, ist ge|klet|tert, das Klet|ter|ge|rüst

das **Kli|ma**

der **Klimm|zug**, die Klimm|zü|ge

klim|pern, sie klim|pert, klim|per|te, hat ge|klim|pert

die **Klin|ge**, die Klin|gen

die **Klin|gel**, die Klin|geln

klin|geln, er klin|gelt, klin|gel|te, hat ge|klin|gelt

klin|gen, es klingt, klang, hat ge|klun|gen, der Klang

die **Kli|nik**, die Kli|ni|ken

die **Klin|ke**, die Klin|ken

die **Klip|pe**, die Klip|pen
klir|ren, es klirrt, klirr|te, hat ge|klirrt
klop|fen, sie klopft, klopf|te, hat ge|klopft
der **Klops**, die Klop|se
das **Klo|sett** (*kurz:* das Klo)
der **Kloß**, die Klö|ße
das **Klos|ter**, die Klös|ter
der **Klotz**, die Klöt|ze
der **Klub**, die Klubs, *auch:* der Club
die **Kluft**, die Klüf|te
klug, klü|ger, am klügs|ten
der **Klum|pen**, die Klum|pen
knab|bern, er knab|bert, knab|ber|te, hat ge|knab|bert
der **Kna|be**, die Kna|ben
das **Knä|cke|brot**
kna|cken, es knackt, knack|te, hat ge|knackt
knal|len, es knallt, knall|te, hat ge|knallt, der Knall
knapp
knar|ren, es knarrt, knarr|te, hat ge|knarrt

der **Knast** (Gefängnis)
der **Knatsch** (Streit)
knat|tern
das **Knäu|el**, die Knäu|el
knau|sern, knau|se|rig (geizig)
der **Knecht**, die Knech|te
knei|fen, sie kneift, kniff, hat ge|knif|fen
die **Knei|pe**, die Knei|pen
kne|ten, der Knet|gum|mi
kni|cken, er knickt, knick|te, hat ge|knickt, der Knick
der **Knicks**, die Knick|se
das **Knie**, die Knie, knien
der **Kniff**, kniff(e)|lig
knip|sen, sie knipst, knips|te, hat ge|knipst
der **Knirps**, die Knirp|se
knir|schen, es knirscht, knirsch|te, hat ge|knirscht
knis|tern, es knis|tert, knis|ter|te, hat ge|knis|tert
knit|tern, knitt(e)|rig
kno|beln, er kno|belt, kno|bel|te, hat ge|kno|belt
der **Knob|lauch** (Gewürz)

der **Knö|chel**, die Knö|chel
der **Kno|chen**, die Kno|chen
der **Knö|del**, die Knö|del
die **Knol|le**, die Knol|len
der **Knopf**, die Knöp|fe, knöp|fen
der **Knor|pel**, die Knor|pel
knor|rig, die knor|ri|ge Eiche
die **Knos|pe**, die Knos|pen
kno|ten, sie kno|tet, kno|te|te, hat ge|kno|tet
der **Kno|ten**, die Kno|ten
knül|len, er knüllt, knüll|te, hat ge|knüllt, der Knül|ler
knüp|fen, sie knüpft, knüpf|te, hat ge|knüpft
der **Knüp|pel**, die Knüp|pel
knur|ren, er knurrt, knurr|te, hat ge|knurrt
knus|pern, knusp|rig
knut|schen, sie knutscht, knutsch|te, hat ge|knutscht
der **Ko|a|la** (Bär), die Ko|a|las
der **Ko|bold**, die Ko|bol|de
die **Ko|bra** (Giftschlange), die Ko|bras
der **Koch**, die Kö|che, die Kö|chin, ko|chen
der **Kö|der**, die Kö|der, kö|dern
der **Kof|fer**, die Kof|fer
der **Kohl**, der Kohl|ra|bi
die **Koh|le**, die Koh|len
die **Ko|kos|nuss**, die Ko|kos|nüs|se
der **Kol|le|ge**, die Kol|le|gen
die **Kol|le|gin**, die Kol|le|gin|nen
der **Ko|loss** (Riese, Ungetüm), die Ko|los|se, ko|los|sal
kom|bi|nie|ren, die Kom|bi|na|ti|on
der **Ko|met**, die Ko|me|ten
ko|misch
das **Kom|ma**, die Kom|mas
kom|man|die|ren, das Kom|man|do
kom|men, er kommt, kam, ist ge|kom|men
der **Kom|men|tar**, die Kom|men|ta|re
der **Kom|mis|sar**, die Kom|mis-sa|re, die Kom|mis|sa|rin
die **Kom|mo|de**, die Kom|mo|den
die **Kom|mu|ni|on**
die **Ko|mö|die** (lustiges Schau-spiel), die Ko|mö|di|en
der **Kom|pass**, die Kom|pas|se

kom|plett
das **Kom|pli|ment**, die Kom|pli|men|te
kom|pli|ziert
kom|po|nie|ren, der Kom|po|nist, die Kom|po|nis|tin
der **Kom|post**
das **Kom|pott**
der **Kom|pro|miss**, die Kom|pro|mis|se
die **Kon|dens|milch**
der **Kon|di|tor**, die Kon|di|to|rei
das **Kon|fekt**
die **Kon|fe|renz**, die Kon|fe|ren|zen
das **Kon|fet|ti**
die **Kon|fir|ma|ti|on**, kon|fir|mie|ren
die **Kon|fi|tü|re**, die Kon|fi|tü|ren
der **Kon|flikt**, die Kon|flik|te
der **Kö|nig**, die Kö|ni|ge
die **Kö|ni|gin**, die Kö|ni|gin|nen
die **Kon|kur|renz**
kön|nen, sie kann, konn|te, hat ge|konnt
der **Kon|rek|tor** (Vertreter des Schulleiters)
die **Kon|ser|ve**, die Kon|ser|ven
der **Kon|so|nant** (Mitlaut), die Kon|so|nan|ten
kon|stru|ie|ren, er kon|stru|iert, kon|stru|ier|te, hat kon|stru|iert, die Kon|struk|ti|on
der **Kon|takt**, die Kon|tak|te
der **Kon|ti|nent** (Erdteil), die Kon|ti|nen|te
das **Kon|to**, die Kon|ten
die **Kon|trol|le**, die Kon|trol|len
kon|trol|lie|ren, sie kon|trol|liert, kon|trol|lier|te, hat kon|trol|liert
die **Kon|zen|tra|ti|on**, sich kon|zen|trie|ren
das **Kon|zert**, die Kon|zer|te
der **Kopf**, die Köp|fe
die **Ko|pie**, die Ko|pi|en, ko|pie|ren
die **Kop|pel** (eingezäunte Weide), die Kop|peln
die **Ko|ral|le**, die Ko|ral|len
der **Korb**, die Kör|be
die **Kor|del**, die Kor|deln
die **Ko|rin|the** (kleine Rosine), die Ko|rin|then
der **Kor|ken**, die Kor|ken

das **Korn**, die Kör|ner
der **Kör|per**, die Kör|per
kor|rekt, die Kor|rek|tur
der **Kor|ri|dor**, die Kor|ri|do|re
kor|ri|gie|ren, er kor|ri|giert, kor|ri|gier|te, hat kor|ri|giert
ko|sen, der Ko|se|na|me
die **Kos|me|tik**, kos|me|tisch
der **Kos|mos** (Weltall), der Kos|mo|naut
die **Kost** (Essen), kos|ten (probieren), köst|lich
kos|ten, es kos|tet viel Geld, die Kos|ten
das **Kos|tüm**, die Kos|tü|me
der **Kot**
das **Ko|te|lett**, die Ko|te|letts
der **Kö|ter**, die Kö|ter
kot|zen (sich übergeben)
die **Krab|be**, die Krab|ben
krab|beln, sie krab|belt, krab|bel|te, ist ge|krab|belt
der **Krach**
kra|chen, es kracht, krach|te, hat ge|kracht
kräch|zen, er krächzt, krächz|te, hat ge|krächzt
die **Kraft**, die Kräf|te, kräf|tig
der **Kra|gen**, die Kra|gen
die **Krä|he**, die Krä|hen
krä|hen, er kräht, kräh|te, hat ge|kräht
kra|kee|len
kra|keln, der Kra|kel, krak(e)|lig
die **Kral|le**, die Kral|len
der **Kram**, kra|men
der **Krampf**, die Krämp|fe
der **Kran**, die Krä|ne
der **Kra|nich** (Schreitvogel), die Kra|ni|che
krank, krank werden, der Kran|ke, das Kran-ken|haus, die Krank|heit
krän|ken, ge|kränkt sein
der **Kranz**, die Krän|ze
krass
der **Kra|ter** (Öffnung eines Vulkans), die Kra|ter
krat|zen, sie kratzt, kratz|te, hat ge|kratzt, der Krat|zer, krat|zig
krau|len, er krault, kraul|te, hat/ist ge|krault (schwimmen), hat ge|krault (streicheln)

kraus, die Krau|se
das **Kraut**, die Kräu|ter,
das Un|kraut
der **Kra|wall**, die Kra|wal|le
die **Kra|wat|te**, die Kra|wat|ten
kra|xeln (klettern),
sie kra|xelt, kra|xel|te,
ist ge|kra|xelt
kre|a|tiv (schöpferisch)
der **Krebs**, die Kreb|se
der **Kre|dit**, die Kre|di|te
die **Krei|de**, die Krei|den
der **Kreis**, die Krei|se
krei|schen, du kreischst,
sie kreischt, kreisch|te,
hat ge|kreischt
der **Krei|sel**, die Krei|sel
die **Krem** *oder:* die Kre|me,
die Krem(e)s, *auch:*
die Cre|me
das **Krepp|pa|pier**
das **Kreuz**, die Kreu|ze
die **Kreu|zung**,
die Kreu|zun|gen
krib|beln, es krib|belt,
krib|bel|te, hat ge|krib|belt
krie|chen, er kriecht,
kroch, ist ge|kro|chen
der **Krieg**, die Krie|ge
krie|gen, du kriegst,
sie kriegt, krieg|te,
hat ge|kriegt
der **Kri|mi**, die Kri|mis
der **Krin|gel**, die Krin|gel
die **Krip|pe**, die Krip|pen,
die Fut|ter|krip|pe,
das Krip|pen|spiel
die **Kri|se**, die Kri|sen
der **Kris|tall**, die Kris|tal|le
kri|tisch, kri|ti|sie|ren,
die Kri|tik
krit|zeln, er krit|zelt,
krit|zel|te, hat ge|krit|zelt
das **Kro|ko|dil**, die Kro|ko|di|le
der **Kro|kus** (Frühblüher),
die Kro|kus|se
die **Kro|ne**, die Kro|nen
kross (knusprig)
die **Krö|te**, die Krö|ten
die **Krü|cke**, die Krü|cken
der **Krug**, die Krü|ge
der **Krü|mel**, die Krü|mel,
krü|meln, krü|me|lig
krumm, sich krüm|men
der **Krüp|pel**, die Krüp|pel
die **Krus|te**, die Krus|ten
der **Kü|bel**, die Kü|bel
die **Kü|che**, die Kü|chen

der **Ku|chen**, die Ku|chen
der **Ku|ckuck**, die Ku|cku|cke
die **Ku|fe**, die Ku|fen
die **Ku|gel**, die Ku|geln
die **Kuh**, die Kü|he
kühl, küh|len, die Küh|lung, der Kühl|schrank
kühn (mutig)
das **Kü|ken**, die Kü|ken
die **Ku|lis|se**, die Ku|lis|sen
kul|lern, es kul|lert, kul|ler|te, ist ge|kul|lert
die **Kul|tur**, die Kul|tu|ren
der **Küm|mel**
der **Kum|mer**, be|küm|mert
sich **küm|mern**, sie küm|mert sich, küm|mer|te sich, hat sich ge|küm|mert
der **Kum|pel**, die Kum|pel
der **Kun|de**, die Kun|den, die Kun|din, die Kund|schaft
kün|di|gen, er kün|digt, kün|dig|te, hat ge|kün|digt, die Kün|di|gung
künf|tig
die **Kunst**, die Küns|te, der Künst|ler, die Künst-le|rin, das Kunst|werk
künst|lich, der Kunst|stoff
kun|ter|bunt
das **Kup|fer** (Metall)
die **Kup|pel**, die Kup|peln
die **Kupp|lung**, die Kupp|lun|gen
die **Kur**, die Ku|ren
die **Kur|bel**, die Kur|beln, kur|beln
der **Kür|bis**, die Kür|bis|se
der **Ku|rier**, die Ku|rie|re
der **Kurs**, die Kur|se
die **Kur|ve**, die Kur|ven
kurz, kür|zer, am kür|zes|ten, kürz|lich, kurz|sich|tig, den Kür|ze|ren ziehen
kür|zen, die Kür|zung
die **Ku|si|ne**, die Ku|si|nen, *auch:* die Cou|si|ne
der **Kuss**, die Küs|se, das Küss|chen
küs|sen, sie küsst, küss|te, hat ge|küsst
die **Küs|te**, die Küs|ten
die **Kut|sche**, die Kut|schen
der **Kut|ter**, die Kut|ter
das **Ku|vert** (Briefumschlag), die Ku|verts

L l

das **La|bor**, die La|bors

lä|cheln, er lä|chelt, lä|chel|te, hat ge|lä|chelt

la|chen, das Ge|läch|ter, lä|cher|lich

der **Lachs** (Fisch), die Lach|se

der **Lack**, die La|cke, la|ckie|ren

la|den, du lädst, sie lädt, lud, hat ge|la|den, die La|dung

der **La|den**, die Lä|den

die **La|ge**, die La|gen

das **La|ger**, die La|ger

la|gern, die La|ge|rung

lahm, die Läh|mung

der **Laib**, die Lai|be, ein Laib Brot, *aber:* ↗ Leib

der **Laich** (Eier von Fröschen und Kröten), ab|lai|chen

der **Laie**, die Lai|en

das **La|ken**, die La|ken

die **La|krit|ze**

das **La|met|ta**

das **Lamm**, die Läm|mer, das Lämm|chen

die **Lam|pe**, die Lam|pen

der **Lam|pi|on**, die Lam|pi|ons

das **Land**, die Län|der, länd|lich

lan|den, er lan|det, lan|de|te, ist ge|lan|det, die Lan|dung

die **Land|wirt|schaft**, der Land|wirt

lang, län|ger, am längs|ten, die Län|ge, läng|lich

die **Lan|ge|wei|le**, lang|wei|lig

lang|sam

längst

der **Lap|pen**, die Lap|pen

der **Lap|top** (tragbarer Computer), die Lap|tops

die **Lär|che** (Nadelbaum), die Lär|chen, *aber:* ↗ Lerche

der **Lärm**, lär|men

die **Lar|ve**, die Lar|ven

die **La|sa|gne** (italienische Speise)

die **La|sche**, die La|schen

las|sen, sie lässt, ließ, hat ge|las|sen; Lass das!

läs|sig

das **Las|so**, die Las|sos

die **Last**, die Las|ten
der **Las|ter** (Lastkraftwagen), die Las|ter, der Last|wa|gen
läs|tern, er läs|tert, läs|ter|te, hat ge|läs|tert
läs|tig
das **La|tein**, la|tei|nisch
die **La|ter|ne**, die La|ter|nen
lat|schen, du latschst, sie latscht, latsch|te, ist ge|latscht, die Lat|schen
die **Lat|te**, die Lat|ten
der **Latz**, das Lätz|chen
lau, lau|warm
das **Laub**, der Laub|baum
die **Lau|be**, die Lau|ben
lau|ern, es lau|ert, lau|er|te, hat ge|lau|ert, auf der Lau|er liegen
lau|fen, er läuft, lief, ist ge|lau|fen, der Lauf, lau|fend, der Läu|fer
die **Lau|ne**, die Lau|nen, lau|nisch
die **Laus**, die Läu|se, lau|sig
lau|schen, du lauschst, sie lauscht, lausch|te, hat ge|lauscht
die **Lau|sitz**
laut, die Laut|stär|ke
der **Laut**, die Lau|te, laut|los, der Laut|spre|cher
läu|ten, er läu|tet, läu|te|te, hat ge|läu|tet
die **La|va** (heißes, flüssiges Gestein)
die **La|wi|ne**, die La|wi|nen
le|ben, sie lebt, leb|te, hat ge|lebt, das Le|ben, le|ben|dig, leb|haft
die **Le|ber**, die Le|bern
der **Leb|ku|chen**, die Leb|ku|chen
le|cken, du leckst, er leckt, leck|te, hat ge|leckt, le|cker, der Le|cker|bis|sen
das **Le|der**, die Le|der
le|dig
leer, die Lee|re
le|gen, du legst, sie legt, leg|te, hat ge|legt
der **Lehm**, leh|mig
die **Leh|ne**, die Leh|nen, leh|nen, an|leh|nen
leh|ren, er lehrt, lehr|te, hat ge|lehrt, die Leh|re
der **Leh|rer**, die Leh|rer

die **Leh|re|rin**, die Leh|re|rin|nen
der **Lehr|ling**, die Lehr|lin|ge
der **Leib** (Körper), die Lei|ber *aber:* ↗ Laib
die **Lei|che**, die Lei|chen, der Leich|nam
leicht, leicht|sin|nig
das **Leid**, es tut mir leid
lei|den, sie lei|det, litt, hat ge|lit|ten
die **Lei|den|schaft**, lei|den|schaft|lich
lei|der
lei|hen, er leiht, lieh, hat ge|lie|hen
der **Leim**, lei|men
der **Lein** (Flachs), das Lein|öl
die **Lei|ne**, die Lei|nen
das **Lei|nen** (Stoff)
lei|se
die **Leis|te**, die Leis|ten
leis|ten, sie leis|tet, leis|te|te, hat ge|leis|tet, die Leis|tung
lei|ten, er lei|tet, lei|te|te, hat ge|lei|tet, der Lei|ter, die Lei|te|rin, die Lei|tung
die **Lei|ter**, die Lei|tern
die **Lek|ti|on**, die Lek|ti|o|nen
die **Lek|tü|re**
len|ken, du lenkst, sie lenkt, lenk|te, hat ge|lenkt, der Len|ker, die Len|kung
die **Ler|che** (Singvogel), die Ler|chen, *aber:* ↗ Lärche
ler|nen, er lernt, lern|te, hat ge|lernt
le|sen, sie liest, las, hat ge|le|sen, le|ser|lich; Lies!
letz|te, zum letz|ten Mal, als Letz|ter gehen, der Letz|te
leuch|ten, es leuch|tet, leuch|te|te, hat ge|leuch|tet, der Leuch|ter, leuch|tend
leug|nen, er leug|net, leug|ne|te, hat ge|leug|net
die **Leu|te**
das **Le|xi|kon**, die Le|xi|ka
die **Li|bel|le**, die Li|bel|len
das **Licht**, die Lich|ter
das **Lid** (Augendeckel), die Li|der, *aber:* ein ↗ Lied singen

A B C D E F G H I J K **L** M N O P Q R S T U V W X Y Z

lieb, lieber, am liebsten, liebhaben

die **Liebe**, lieblich, der Liebling

lieben, sie liebt, liebte, hat geliebt

das **Lied**, die Lieder, *aber:* ↗ das Lid

liederlich (unordentlich)

liefern, er liefert, lieferte, hat geliefert, die Lieferung

liegen, du liegst, sie liegt, lag, hat gelegen

der **Lift**, die Lifte

lila

die **Lilie**, die Lilien

die **Limonade**, die Limonaden

die **Linde** (Laubbaum), die Linden

lindern, es lindert den Schmerz, linderte, hat gelindert

das **Lineal**, die Lineale

die **Linie**, die Linien

links, die linke Hand, linkisch, der Linkshänder

die **Linse**, die Linsen

die **Lippe**, die Lippen

lispeln, er lispelt, lispelte, hat gelispelt

die **List**, die Listen, listig

die **Liste**, die Listen

der/das **Liter** (*kurz:* l), drei Liter (3 l)

die **Literatur**, literarisch

die **Litfaßsäule**

das **Lob**, loben

das **Loch**, die Löcher, lochen, löchrig

die **Locke**, die Locken, lockig

locken, sie lockt, lockte, hat gelockt

locker, lockern

lodern, das Feuer lodert, loderte, hat gelodert

der **Löffel**, die Löffel, löffeln

logisch, die Logik

der **Lohn**, die Löhne

das **Lokal**, die Lokale

die **Lokomotive**, die Lokomotiven

der **Lorbeer** (Baum, Gewürzpflanze), die Lorbeeren, das Lorbeerblatt

los, es geht los

das **Los**, die Lose

> **los-**: Es gibt viele Wörter mit los-. Suche auch bei dem Wort, das den zweiten Wortteil bildet (z. B. loslassen, loslaufen).

löschen, du löschst, er löscht, löschte, hat gelöscht

lose

lösen, die Lösung

löten, der Lötkolben

die **Lotterie**, die Lotterien

das **Lotto**, die Lottos

der **Löwe**, die Löwen

der **Löwenzahn**

der **Luchs** (Raubkatze), die Luchse

die **Lücke**, die Lücken

die **Luft**, die Lüfte, luftig

lüften, sie lüftet, lüftete, hat gelüftet

die **Lüge**, die Lügen, der Lügner

lügen, du lügst, er lügt, log, hat gelogen

die **Luke**, die Luken

der **Lümmel**, die Lümmel, sich lümmeln

der **Lump** (schlechter Mensch)

der **Lumpen**, die Lumpen

die **Lunge**, die Lungen

die **Lupe**, die Lupen

die **Lupine** (Blume), die Lupinen

der **Lurch**, die Lurche

die **Lust**, Lust haben

lustig

lutschen, du lutschst, sie lutscht, lutschte, hat gelutscht, der Lutscher

Luxemburg, luxemburgisch

der **Luxus**, luxuriös

A B C D E F G H I J K L **M** N O P Q R S T U V W X Y Z

M m

ma|chen
die **Macht**, die Mäch|te, mäch|tig
die **Ma|cke** (Fehler)
das **Mäd|chen**, die Mäd|chen
die **Ma|de**, die Ma|den, ma|dig
die **Ma|don|na**, die Ma|don|nen
er **mag** ↗ mögen
die **Magd**, die Mäg|de
der **Ma|gen**, die Mä|gen
ma|ger, die Ma|ger|keit
der **Ma|gnet**, die Ma|gne|te, ma|gne|tisch
mä|hen, er mäht, mäh|te, hat ge|mäht, der Mä|her, die Mahd, der Mäh-dre|scher
das **Mahl**, die Mahl|zeit
mah|len (etwas zerklei-nern), sie mahlt, mahl|te, hat ge|mah|len, *aber:* ein Bild ↗ malen
die **Mäh|ne**, die Mäh|nen
mah|nen, er mahnt, mahn|te, hat ge|mahnt, die Mah|nung
der **Mai**
der **Mais** (Getreide), der Mais|kol|ben
die **Ma|jes|tät**, ma|jes|tä|tisch
mä|keln, sie mä|kelt, mä|kel|te, hat ge|mä|kelt, mäk(e)|lig
die **Mak|ka|ro|ni**
die **Ma|kre|le** (Fisch), die Ma|kre|len
die **Ma|kro|ne** (Gebäck), die Ma|kro|nen
mal, auf einmal, das nächste Mal
ma|len, er malt, mal|te, hat ge|malt, der Ma|ler, die Ma|le|rin, die Ma|le|rei, *aber:* Kaffee ↗ mahlen
das **Malz|bier**
das **Mam|mut**, die Mam|muts
man, das sieht man, *aber:* ↗ der Mann
man|che, man|cher, man|ches
manch|mal

die **Man|da|ri|ne**, die Man|da|ri|nen

die **Man|del**, die Man|deln

die **Ma|ne|ge**, die Ma|ne|gen

der **Man|gel**, die Män|gel, man|gel|haft

die **Ma|nie|ren**, ma|nier|lich

der **Mann**, die Män|ner, männ|lich, das Männ|chen, die Mann|schaft

der **Man|tel**, die Män|tel

die **Map|pe**, die Map|pen, das Mäpp|chen

das **Mär|chen**, die Mär|chen, mär|chen|haft

der **Mar|der** (kleines Raub-tier), die Mar|der

die **Mar|ga|ri|ne**

die **Mar|ge|ri|te** (Blume), die Mar|ge|ri|ten

das **Mark**, das Kno|chen|mark

die **Mark** (Geldwert)

die **Mar|ke**, die Mar|ken, die Brief|mar|ke

der **Markt**, die Märk|te

die **Mar|me|la|de**, die Mar|me|la|den

der **Mar|mor** (Gestein)

die **Ma|ro|ne** (1. Speisepilz, 2. essbare Kastanie), die Ma|ro|nen

der **Marsch**, die Mär|sche

mar|schie|ren, sie mar-schiert, mar|schier|te, ist mar|schiert

der **März**

das **Mar|zi|pan**

die **Ma|sche**, die Ma|schen, der Ma|schen|draht

die **Ma|schi|ne**, die Ma|schi|nen

die **Ma|sern** (Krankheit)

die **Mas|ke**, die Mas|ken

das **Maß**, die Ma|ße, er nimmt Maß

die **Mas|sa|ge**, die Mas|sa|gen

die **Mas|se**, die Mas|sen, mas|sen|wei|se

mas|sie|ren, sie mas|siert, mas|sier|te, hat mas|siert

mä|ßig, ein mä|ßi|ger Wind

die **Maß|nah|me**, die Maß|nah|men

der **Maß|stab**, die Maß|stä|be, maß|stab|ge|recht

der **Mast** (Schiff), die Mas|ten

A B C D E F G H I J K L **M** N O P Q R S T U V W X Y Z

A B C D E F G H I J K L **M** N O P Q R S T U V W X Y Z

die **Mast** (Tierfütterung), die Mast|en|te

das **Match** (Wettkampf), die Matchs *oder:* die Mat|che, das Ten|nis|match

das **Ma|te|ri|al**, die Ma|te|ri|a|li|en

die **Ma|the|ma|tik**, ma|the|ma|tisch

die **Ma|trat|ze**, die Ma|trat|zen

der **Ma|tro|se**, die Ma|tro|sen

der **Matsch**, mat|schig

matt

die **Mat|te**, die Mat|ten

der **Matz**, Mätz|chen machen

die **Mau|er**, die Mau|ern

mau|ern, er mau|ert, mau|er|te, hat ge|mau|ert, der Mau|rer

das **Maul**, die Mäu|ler

mau|len

der **Maul|wurf**, die Maul|wür|fe

die **Maus**, die Mäu|se

der **Me|cha|ni|ker**, die Me|cha-ni|ke|rin, die Me|cha|ni|ker, me|cha|nisch

me|ckern, sie me|ckert, me|cker|te, hat ge|me|ckert

Meck|len|burg-Vor|pom|mern

die **Me|dail|le**, die Me|dail|len

das **Me|di|ka|ment**, die Me|di|ka|men|te

die **Me|di|zin**, me|di|zi|nisch

das **Meer**, die Mee|re

der **Meer|ret|tich** (Heil- und Gewürzpflanze)

das **Meer|schwein|chen**, die Meer|schwein|chen

das **Mehl**, meh|lig

mehr, meh|re|re, mehr|mals, die Mehr|heit, mehr|spu|rig

die **Mehr|zahl** (Plural)

mei|den, er mei|det, mied, hat ge|mie|den

die **Mei|le**, die Mei|len

mein, mei|ne, mei|net-we|gen

mei|nen, die Mei|nung

die **Mei|se** (Singvogel), die Mei|sen

der **Mei|ßel** (Werkzeug), die Mei|ßel

meist, meis|tens, am meis-ten, die meisten Äpfel, die meisten *oder:* Meisten

der **Meister**, die Meister, die Meisterin, die Meisterschaft, meistern
melden, sie meldet (sich), meldete (sich), hat (sich) gemeldet, die Meldung
melken, er melkt, melkte/molk, hat gemolken/gemelkt, die Molkerei
die **Melodie**, die Melodien
die **Melone**, die Melonen
die **Menge**, die Mengen
der **Mensch**, die Menschen
merken, sie merkt, merkte, hat gemerkt
das **Merkmal**, die Merkmale
die **Messe** (1. katholische Feier, 2. Verkaufsausstellung, 3. Jahrmarkt), die Messen
messen, er misst, maß, hat gemessen; Miss!
das **Messer**, die Messer
das **Messing** (Metall)
das **Metall**, die Metalle
der **Meteorologe** (Wetterkundler), die Meteorologen, die Meteorologin
der/das **Meter** (*kurz:* m), vier Meter (4 m)
die **Methode**, die Methoden
das **Mett** (gehacktes Schweinefleisch), die Mettwurst
der **Metzger**, die Metzger, die Metzgerei
meutern, die Meuterei
miauen, sie miaut, miaute, hat miaut; Miau!
mich, ich setze mich
mickrig
die **Mickymaus**, die Mickymäuse
die **Miene** (Gesichtsausdruck), die Mienen, *aber:* die ↗ Mine (Bleistift)
mies
die **Miete**, die Mieten, der Mieter, mieten
das **Mikrofon**, die Mikrofone
das **Mikroskop**, die Mikroskope
die **Milch**
mild
das **Militär**, militärisch
die **Milliarde**, vier Milliarden (4 Md. *oder* 4 Mrd.)

A B C D E F G H I J K L **M** N O P Q R S T U V W X Y Z

das **Mil|li|gramm** (*kurz:* mg), fünf Milligramm (5 mg)
der **Mil|li|me|ter** (*kurz:* mm), acht Millimeter (8 mm)
die **Mil|li|on**, sechs Mil|li|o|nen (6 Mill. *oder* 6 Mio.)
min|der, die Min|der|heit, min|der|jäh|rig
min|des|tens
die **Mi|ne** (1. Bleistiftmine, 2. Bergwerk, 3. Sprengkörper), die Mi|nen, *aber:* eine traurige ↗ Miene
der **Mi|nis|ter**, die Mi|nis|ter, die Mi|nis|te|rin
mi|nus, minus fünf Grad Celsius (–5° C)
die **Mi|nu|te**, die Mi|nu|ten
mir, du hilfst mir
mi|schen, du mischst, er mischt, misch|te, hat ge|mischt, die Mi|schung

miss-: Es gibt viele Wörter mit miss-. Suche auch bei dem Wort, das den zweiten Wortteil bildet (z. B. der Misserfolg, misstrauen).

sie **misst** ↗ messen
der **Mist**, *aber:* ↗ sie misst
mit, mit|ei|nan|der

mit-: Es gibt viele Wörter mit mit-. Suche auch bei dem Wort, das den zweiten Wortteil bildet (z. B. mitbringen, das Mitleid).

mit|fah|ren
mit|ma|chen
der **Mit|tag**, das Mit|tag|es|sen, eines Mit|tags, heute Mit|tag, mit|tags, zu Mit|tag
die **Mit|te**, der Mit|tel|punkt, Mit|ter|nacht, die mitt|le|re Reihe
mit|tei|len, er teilt mit, teil|te mit, hat mit|ge|teilt, die Mit|tei|lung
das **Mit|tel**, die Mit|tel
mit|ten, mitten durch die Stadt, *aber:* der Ast brach mit|ten|durch, mit|ten|drin
mitt|ler|wei|le
der **Mitt|woch**, am Mitt|wochabend, mitt|wochs
mi|xen, sie mixt, mix|te, hat ge|mixt

das **Mö|bel**, die Mö|bel
wir **möch|ten** ↗ mögen
der **Mod|der** (Schlamm), modd(e)|rig
die **Mo|de**, die Mo|den, mo|disch
das **Mo|dell**, die Mo|del|le
der **Mo|der**, mod|rig, mo|dern (faulen), es mo|dert
mo|dern, mo|der|ne Kleidung
mo|der|ni|sie|ren, er mo|der|ni|siert, mo|der|ni|sier|te, hat mo|der|ni|siert
das **Mo|fa** (Motorfahrrad), die Mo|fas
mo|geln, die Mo|ge|lei
mö|gen, ich mag, du magst/möch|test, sie mag/möch|te, er moch|te, hat ge|mocht
mög|lich, die Mög|lich|keit, mög|lichst
der **Mohn**
die **Möh|re**, die Möh|ren
die **Mohr|rü|be**, die Mohr|rü|ben
der **Molch**, die Mol|che
die **Mo|le** (Hafenmauer), die Mo|len
die **Mol|ke|rei**, die Mol|ke|rei|en
mol|lig
der **Mo|ment**, die Mo|men|te
der **Mo|nat**, die Mo|na|te
der **Mönch**, die Mön|che
der **Mond**, die Mon|de
die **Mo|ne|ten** (Geld)
der **Mon|tag**, am Mon|tag-abend, mon|tags
der **Mon|teur**, die Mon|teu|re
mon|tie|ren, sie mon|tiert, mon|tier|te, hat mon|tiert, die Mon|ta|ge
das **Moor** (Sumpfgebiet), die Moo|re
das **Moos**, die Moo|se
das **Mo|ped**, die Mo|peds
der **Mops**, die Möp|se
die **Mo|ral**, mo|ra|lisch
der **Mo|rast** (sumpfige Erde), mo|ras|tig
der **Mord**, die Mor|de, mor|den, der Mör|der
mor|gen, mor|gen Abend
der **Mor|gen** (Tageszeit), am Morgen, eines Mor|gens, gestern Morgen, mor|gens

morsch
der **Mör|tel** (Baumaterial)
das **Mo|sa|ik**, die Mo|sa|i|ken
die **Mo|schee** (Gotteshaus der Muslime), die Mo|scheen
der **Most**, die Mos|te
das **Mo|tel** (Hotel an der Autobahn), die Mo|tels
der **Mo|tor**, die Mo|to|ren, das Mo|tor|rad
die **Mot|te**, die Mot|ten
das **Moun|tain|bike**, die Moun|tain|bikes
die **Mö|we**, die Mö|wen
die **Mü|cke**, die Mü|cken
mü|de, die Mü|dig|keit
muf|fig
die **Mü|he**, die Mü|hen, sich mü|hen, müh|sam
mu|hen; Muh!
die **Müh|le**, die Müh|len
die **Mul|de**, die Mul|den
der **Müll**
der **Mül|ler**, die Mül|ler, die Mül|le|rin
mul|mig (unwohl)
die **Mul|ti|pli|ka|ti|on**
mul|ti|pli|zie|ren (malnehmen), er mul|ti|pli|ziert, mul|ti|pli|zier|te, hat mul|ti|pli|ziert
der **Mumm** (Mut)
der **Mund**, die Mün|der, münd|lich
die **Mün|dung**, die Mün|dun|gen
die **Mu|ni|ti|on**
mun|ter
die **Mün|ze**, die Mün|zen
mür|be
der **Murks** (unordentliche Arbeit)
murk|sen, sie murkst, murks|te, hat ge|murkst
die **Mur|mel**, die Mur|meln
mur|meln, er mur|melt, mur|mel|te, hat ge|mur|melt, das Ge|mur|mel
mur|ren, sie murrt, murr|te, hat ge|murrt
mür|risch
das **Mus**, das Ap|fel|mus
die **Mu|schel**, die Mu|scheln
das **Mu|se|um**, die Mu|se|en
das **Mu|si|cal**, die Mu|si|cals
die **Mu|sik**, mu|si|ka|lisch

der **Mus|kel**, die Mus|keln, die Mus|ku|la|tur
das **Müs|li**, die Müs|lis
die **Mu|ße**, mü|ßig
müs|sen, du musst, er muss, muss|te, hat ge|musst
das **Mus|ter**, die Mus|ter
mus|tern (genau ansehen), sie mus|tert ihn, mus|ter|te ihn, hat ihn ge|mus|tert
der **Mut**, mu|tig
die **Mut|ter**, die Müt|ter
die **Mut|ter** (Schraubenteil), die Mut|tern
die **Müt|ze**, die Müt|zen

N n

die **Na|be**, die Na|ben
der **Na|bel**, die Na|bel
nach, nach dem Essen, nach Hause gehen

nach-: Es gibt viele Wörter mit nach-. Suche auch bei dem Wort, das den zweiten Wortteil bildet (z. B. die Nachhilfe, nachholen).

nach|ah|men, er ahmt nach, ahm|te nach, hat nach|ge|ahmt
der **Nach|bar**, die Nach|barn, die Nach|bar|schaft
nach|dem, je nachdem
nach|den|ken, sie denkt nach, dach|te nach, hat nach|ge|dacht
nach|ei|nan|der
nach|her
nach|läs|sig
der **Nach|mit|tag**, am Nachmit|tag, eines Nach|mittags, gestern Nachmittag, nach|mit|tags

A B C D E F G H I J K L **M** **N** O P Q R S T U V W X Y Z

die **Nach|richt**, die Nach|rich|ten
nächst, am nächs|ten Tag, das nächs|te Mal, die nächst|bes|te Bahn; Der Nächs|te bitte!
die **Nacht**, die Näch|te, eines Nachts, gestern Nacht, nachts, zur Nacht
der **Nach|teil**, die Nach|tei|le
die **Nach|ti|gall**, die Nach|ti|gal|len
der **Nach|tisch**
nach|träg|lich
der **Na|cke|dei**, die Na|cke|deis
der **Na|cken**, die Na|cken
nackt *oder:* na|ckig
die **Na|del**, die Na|deln
der **Na|gel**, die Nä|gel, na|geln
na|gen, er nagt, nag|te, hat ge|nagt, das Na|ge|tier
nah *oder:* na|he, nä|her, am nächs|ten
die **Nä|he**, in der Nä|he
nä|hen, sie näht, näh|te, hat ge|näht, die Naht
die **Nah|rung**
na|iv, die Na|i|vi|tät
der **Na|me**, die Na|men
näm|lich
der **Napf**, die Näp|fe
die **Nar|be**, die Nar|ben
die **Nar|ko|se** (Betäubung), die Nar|ko|sen
der **Narr**, die Nar|ren, när|risch
die **Nar|zis|se**, die Nar|zis|sen
na|schen, du naschst, er nascht, nasch|te, hat ge|nascht
die **Na|se**, die Na|sen
das **Nas|horn**, die Nas|hör|ner
nass, die Näs|se
die **Na|ti|on**, na|ti|o|nal
die **Na|tur**, na|tür|lich
der **Ne|bel**, neb(e)|lig
ne|ben, ne|ben|an, ne|ben|her
ne|cken, du neckst, sie neckt, neck|te, hat ge|neckt
der **Nef|fe**, die Nef|fen
ne|ga|tiv
neh|men, er nimmt, nahm, hat ge|nom|men; Nimm!
der **Neid**, nei|disch
nei|gen, sie neigt, neig|te, hat ge|neigt, die Nei|gung
nein
die **Nel|ke**, die Nel|ken

nen|nen, er nennt, nann|te, hat ge|nannt

das **Ne|on**, das Ne|on|licht

der **Nerv**, die Ner|ven, ner|vös

das **Nest**, die Nes|ter

nett

das **Netz**, die Net|ze

neu, etwas Neu|es, die Neu|ig|keit

die **Neu|gier**, neu|gie|rig

neu|lich

neun, neun|zehn, neun|zig, die neun|te Reihe

neun|mal, neunmal spielen, *aber:* neun mal acht

nicht, nichts

die **Nich|te**, die Nich|ten

ni|cken, du nickst, sie nickt, nick|te, hat ge|nickt

nie, nie|mals, nie|mand

nie|der, nie|der|le|gen

die **Nie|der|lan|de**, nie|der|län|disch

Nie|der|sach|sen, nie|der|säch|sisch

der **Nie|der|schlag**, die Nie|der|schlä|ge

nied|lich

nied|rig

die **Nie|re**, die Nie|ren

nie|seln, es nie|selt, nie|sel|te, hat ge|nie|selt

nie|sen, er niest, nies|te, hat ge|niest

die **Nie|te**, die Nie|ten

der **Ni|ko|laus**

das **Nil|pferd**, die Nil|pfer|de

nir|gends, nir|gend|wo

nis|ten, sie nis|tet, nis|te|te, hat ge|nis|tet

die **Ni|xe**, die Ni|xen

noch, noch einmal

das **No|men** (Substantiv), die No|men

der **No|mi|na|tiv** (Werfall oder Wasfall – 1. Fall)

der **Nor|den**, nörd|lich, die Nord|see

Nord|rhein-West|fa|len, nord|rhein-west|fä|lisch

nör|geln, er nör|gelt, nör|gel|te, hat ge|nör|gelt

die **Norm**, die Nor|men, nor|mal

Nor|we|gen, nor|we|gisch

die **Not**, die Nö|te, nö|tig

not|wen|dig, die Not|wen|dig|keit
die **No|te** (1. Tonzeichen in der Musik, 2. Zensur, 3. Geldschein), die No|ten
no|tie|ren, sie no|tiert, no|tier|te, hat no|tiert
die **No|tiz**, die No|ti|zen
der **No|vem|ber**
nu|ckeln, der Nu|ckel
die **Nu|del**, die Nu|deln
null, null Fehler
die **Null**, die Nul|len
das **Nu|me|ra|le** (Zahlwort), die Nu|me|ra|li|en
die **Num|mer**, die Num|mern, num|me|rie|ren, die Num|me|rie|rung
nun
nur
nu|scheln, er nu|schelt, nu|schel|te, hat ge|nu|schelt
die **Nuss**, die Nüs|se
die **Nüs|ter** (Pferdenase), die Nüs|tern
nut|zen, es nutzt, nutz|te, hat ge|nutzt, *auch:* nüt|zen
der **Nut|zen**, nütz|lich, nutz|los

O o

ob
das **Ob|dach**, ob|dach|los
oben, das obe|re Bett
der **Ober** (Kellner), die Ober
die **Ober|flä|che**, die Ober|flä|chen
ober|halb
das **Ob|jekt** (Ergänzung), die Ob|jek|te
die **Ob|la|te**, die Ob|la|ten
das **Obst**
ob|wohl
der **Och|se**, die Och|sen
öde
oder
der **Ofen**, die Öfen
of|fen, offen stehen
of|fen|sicht|lich
öf|fent|lich, die Öf|fent|lich|keit
öff|nen, sie öff|net, öff|ne|te, hat ge|öff|net, die Öff|nung
oft, öf|ter
oh|ne
die **Ohn|macht**, ohn|mäch|tig

das **Ohr**, die Oh|ren
das **Öhr** (Nadelloch)
okay (o. k.)
die **Öko|lo|gie**, die Öko|steu|er, öko|lo|gisch
der **Ok|to|ber**
das **Öl**, die Öle, der Öl|baum, ölig
ölen, er ölt, öl|te, hat ge|ölt
die **Oli|ve**, die Oli|ven
die **Olym|pi|a|de**, die Olym|pi|schen Spiele
der **Om|ni|bus**, die Om|ni|bus|se
der **On|kel**, die On|kel
die **Oper**, die Opern
die **Ope|ra|ti|on**, die Ope|ra|ti|o|nen
das **Op|fer**, die Op|fer
der **Op|ti|ker**, die Op|ti|ke|rin, die Op|ti|ker, op|tisch
oran|ge, oran|ge(n)far|big, oran|ge|rot
die **Oran|ge**, die Oran|gen
das **Or|ches|ter**, die Or|ches|ter
or|dent|lich
ord|nen, sie ord|net, ord|ne|te, hat ge|ord|net, die Ord|nung
or|ga|ni|sie|ren, er or|ga|ni|siert, or|ga|ni-sier|te, hat or|ga|ni|siert, die Or|ga|ni|sa|ti|on
die **Or|gel**, die Or|geln
das **Ori|gi|nal**, die Ori|gi|na|le
der **Or|kan**, die Or|ka|ne
der **Ort**, die Or|te
der **Os|ten**, öst|lich, die Ost|see
Os|tern, ös|ter|lich, der Os|ter|ha|se
Ös|ter|reich, ös|ter|rei|chisch
der **Ot|ter** (Marderart), die Ot|ter, der Fisch|ot|ter
die **Ot|ter** (Schlange), die Ot|tern, die Kreuz|ot|ter
oval
der **Oze|an**, die Oze|a|ne

A B C D E F G H I J K L M N O P Q R S T U V W X Y Z

P p

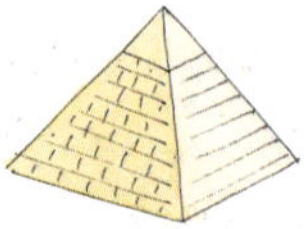

paar, ein paar Kinder
das **Paar** (immer zwei), die Paa|re, ein Paar Schuhe, das Pär|chen
das **Päck|chen**, die Päck|chen
pa|cken, du packst, sie packt, pack|te, hat ge|packt, die Pa|ckung
das **Pad|del**, die Pad|del, pad|deln
das **Pa|ket**, die Pa|ke|te
der **Pa|last**, die Pa|läs|te
die **Pal|me**, die Pal|men
die **Pam|pel|mu|se**, die Pam|pel|mu|sen
die **Pa|nik**, pa|nisch
die **Pan|ne**, die Pan|nen
pan|schen, du panschst, er panscht, pansch|te, hat ge|panscht, *auch:* pant|schen
der **Pan|ther** (Raubkatze), die Pan|ther, *auch:* der Pan|ter
der **Pan|tof|fel**, die Pan|tof|fel
der **Pan|zer**, die Pan|zer
der **Pa|pa|gei**, die Pa|pa|gei|en
das **Pa|pier**, die Pa|pie|re
die **Pap|pe**, die Pap|pen, pap|pig
die **Pap|pel** (Laubbaum), die Pap|peln
der/die **Pa|pri|ka**, die Pa|pri|ka|scho|te
der **Papst**, die Päps|te
das **Pa|ra|dies**, pa|ra|die|sisch
pa|ral|lel, die Pa|ral|le|le
der **Pa|ra|sit**, die Pa|ra|si|ten
das **Pär|chen**, die Pär|chen, *aber:* ↗ das Paar
Par|dauz!
das **Par|füm**, die Par|füms
der **Park**, die Parks
par|ken, du parkst, sie parkt, park|te, hat ge|parkt, der Park|platz
die **Pa|ro|le**, die Pa|ro|len
die **Par|tei**, die Par|tei|en
das **Par|ter|re** (Erdgeschoss)
der **Part|ner**, die Part|ner, die Part|ne|rin
der **Pass**, die Päs|se
der **Pas|sa|gier**, die Pas|sa|gie|re

pas|sen, es passt, pass|te, hat ge|passt, pas|send

pas|sie|ren, es pas|siert, pas|sier|te, ist pas|siert

pas|siv (untätig, teilnahmslos)

die **Pas|te**, die Pas|ten

der **Pas|tor**, die Pas|to|ren, die Pas|to|rin

der **Pa|te**, die Pa|ten, die Pa|tin

der **Pa|ti|ent**, die Pa|ti|en|ten, die Pa|ti|en|tin

die **Pa|tro|ne**, die Pa|tro|nen

pat|zen, der Pat|zer

pat|zig

die **Pau|ke**, die Pau|ken

die **Pau|se**, die Pau|sen

das **Pech**

das **Pe|dal**, die Pe|da|le

pein|lich

die **Peit|sche**, die Peit|schen

die **Pel|le** (Schale), die Pel|len, pel|len (schälen)

der **Pelz**, die Pel|ze, pel|zig

die **Pen|si|on**, die Pen|si|o|nen

das **Per|fekt** (eine Zeitform des Verbs)

per|fekt, die Per|fek|ti|on

die **Per|le**, die Per|len

die **Per|son**, die Per|so|nen

die **Pe|rü|cke**, die Pe|rü|cken

die **Pe|ter|si|lie**

das **Pe|tro|le|um**

pet|zen, er petzt, petz|te, hat ge|petzt

der **Pfad**, die Pfa|de

der **Pfahl**, die Pfäh|le

die **Pfalz**, pfäl|zisch

das **Pfand**, die Pfän|der, pfän|den

die **Pfan|ne**, die Pfan|nen

der **Pfar|rer**, die Pfar|rer

der **Pfau**, die Pfau|en

pfau|chen, er pfaucht, auch: fauchen

der **Pfef|fer**, ge|pfef|fert

die **Pfef|fer|min|ze**

die **Pfei|fe**, die Pfei|fen

pfei|fen, sie pfeift, pfiff, hat ge|pfif|fen, der Pfiff

der **Pfeil**, die Pfei|le

der **Pfei|ler**, die Pfei|ler

der **Pfen|nig**, die Pfen|ni|ge

das **Pferd**, die Pfer|de

der **Pfiff**, die Pfif|fe, pfif|fig

der **Pfif|fer|ling** (Pilz), die Pfif|fer|lin|ge

Pfings|ten, das Pfingst|fest

A B C D E F G H I J K L M N O **P** Q R S T U V W X Y Z

der **Pfir|sich**, die Pfir|si|che
die **Pflan|ze**, die Pflan|zen
pflan|zen, er pflanzt, pflanz|te, hat ge|pflanzt
das **Pflas|ter** (1. Wundpflaster, 2. Steinpflaster), die Pflas|ter
die **Pflau|me**, die Pflau|men
pfle|gen, sie pflegt, pfleg|te, hat ge|pflegt, die Pfle|ge, pfle|ge|be|dürf|tig
die **Pflicht**, die Pflich|ten
der **Pflock**, die Pflö|cke
pflü|cken, du pflückst, er pflückt, pflück|te, hat ge|pflückt
der **Pflug**, die Pflü|ge, pflü|gen
die **Pfor|te**, die Pfor|ten
der **Pfos|ten**, die Pfos|ten
die **Pfo|te**, die Pfo|ten
der **Pfrop|fen** (Verschluss), die Pfrop|fen
Pfui!
das **Pfund**, die Pfun|de (2 Pfund = 1 Kilogramm)
pfu|schen, du pfuschst, sie pfuscht, pfusch|te, hat ge|pfuscht
die **Pfüt|ze**, die Pfüt|zen
das **Phan|tom** (Trugbild), die Phan|to|me
die **Phy|sik**, phy|si|ka|lisch
der **Pi|ckel**, die Pi|ckel, pick|lig
pi|cken
das **Pick|nick**, die Pick|nicks
Piep!
pie|pen, es piept, piep|te, hat ge|piept, *auch:* piep|sen
die **Pil|le**, die Pil|len
der **Pi|lot**, die Pi|lo|ten, die Pi|lo|tin
der **Pilz**, die Pil|ze
der **Pin|gu|in**, die Pin|gu|i|ne
die **Pinn|wand**, die Pinn|wän|de
der **Pin|sel**, die Pin|sel
die **Pin|zet|te**, die Pin|zet|ten
der **Pi|rat**, die Pi|ra|ten
die **Pis|te** (Rennstrecke), die Pis|ten
die **Pis|to|le**, die Pis|to|len
pitsch|nass
die **Piz|za**, die Piz|zas *oder:* die Piz|zen
sich **pla|gen**, er plagt sich, plag|te sich, hat sich ge|plagt, die Pla|ge
das **Pla|kat**, die Pla|ka|te

die **Pla|ket|te**, die Pla|ket|ten
der **Plan**, die Plä|ne,
die Pla|nung, pla|nen
die **Pla|ne**, die Pla|nen
der **Pla|net**, die Pla|ne|ten
plan|schen, du planschst,
er planscht, plansch|te,
hat ge|planscht, *auch:*
plant|schen
plap|pern, sie plap|pert,
plap|per|te, hat
ge|plap|pert
das **Plas|tik** (Kunststoff)
die **Plas|tik** (Kunstwerk),
plas|tisch
plät|schern, es plät|schert,
plät|scher|te,
hat ge|plät|schert
platt, platt drücken,
er hat einen Plat|ten
die **Plat|te**, die Plat|ten
der **Platz**, die Plät|ze
das **Plätz|chen**, die Plätz|chen
plat|zen, es platzt,
platz|te, ist ge|platzt
plau|dern, sie plau|dert,
plau|der|te, hat ge|plau|dert
plötz|lich
plump
plump|sen, es plumpst,
plumps|te, ist ge|plumpst;
Plumps!
der **Plun|der**, die Plün|de|rung,
plün|dern
der **Plu|ral** (Mehrzahl)
plus
das **Plus|quam|per|fekt**
(eine Zeitform des Verbs)
po|chen, er pocht, poch|te,
hat ge|pocht
die **Po|e|sie**, das Po|e|sie|al|bum
der **Po|kal**, die Po|ka|le
der **Pol**, die Po|le, der Nord|pol
Po|len, der Po|le,
die Po|lin, pol|nisch
po|lie|ren, sie po|liert,
po|lier|te, hat po|liert
die **Po|li|tik**, der Po|li|ti|ker,
die Po|li|ti|ke|rin, po|li|tisch
die **Po|li|zei**
der **Po|li|zist**, die Po|li|zis|ten,
die Po|li|zis|tin
der **Pol|len**, die Pol|len
das **Pols|ter**, die Pols|ter,
pols|tern, ge|pols|tert
pol|tern, es pol|tert,
pol|ter|te, hat ge|pol|tert,
das Ge|pol|ter

die **Pom|mes frites**
das **Po|ny**, die Po|nys
der **Pop**, die Pop|mu|sik
das **Pop|corn**
die **Po|re**, die Po|ren
der **Por|ree** (Gemüse)
die **Por|ti|on**, die Por|ti|o|nen
das **Port|mo|nee**, die Port|mo|nees
das **Por|to**
Por|tu|gal, der Por|tu|gie|se, por|tu|gie|sisch
das **Por|zel|lan**
po|si|tiv
die **Post**
die **Pracht**, präch|tig
das **Prä|di|kat** (Satzaussage), die Prä|di|ka|te
prah|len, er prahlt, prahl|te, hat ge|prahlt
prak|tisch
die **Pra|li|ne**, die Pra|li|nen
prall
die **Pran|ke**, die Pran|ken
das **Prä|sens** (Zeitform des Verbs)
der **Prä|si|dent**, die Prä|si|den|ten, die Prä|si|den|tin
pras|seln, es pras|selt, pras|sel|te, hat/ist ge|pras|selt
das **Prä|te|ri|tum** (Zeitform des Verbs)
die **Pra|xis**, die Pra|xen
pre|di|gen, sie pre|digt, pre|dig|te, hat ge|pre|digt, die Pre|digt
der **Preis**, die Prei|se
die **Prei|sel|bee|re**, die Prei|sel|bee|ren
pres|sen, er presst, press|te, hat ge|presst, die Pres|se
der **Pries|ter**, die Pries|ter
pri|ma
die **Pri|mel**, die Pri|meln
der **Prinz**, die Prin|zen
die **Prin|zes|sin**, die Prin|zes|sin|nen
pri|vat
pro|ben, sie probt, prob|te, hat ge|probt, die Pro|be
pro|bie|ren, er pro|biert, pro|bier|te, hat pro|biert
das **Pro|blem**, die Pro|ble|me
das **Pro|dukt**, die Pro|duk|te, die Pro|duk|ti|on

pro|du|zie|ren, sie pro|du-ziert, pro|du|zier|te, hat pro|du|ziert

der **Pro|fes|sor**, die Pro|fes|so|ren, die Pro|fes|so|rin

das **Pro|gramm**, die Pro|gram|me

der **Pro|jek|tor**, die Pro|jek-to|ren, pro|ji|zie|ren

prompt

das **Pro|no|men** (Fürwort), die Pro|no|men

der **Pro|pel|ler**, die Pro|pel|ler

der **Pros|pekt**, die Pros|pek|te

pro|tes|tie|ren, er pro|tes-tiert, pro|tes|tier|te, hat pro|tes|tiert, der Pro|test

das **Pro|to|koll**, die Pro|to|kol|le

der **Pro|vi|ant** (Verpflegung)

das **Pro|zent**, die Pro|zen|te

der **Pro|zess**, die Pro|zes|se

prü|fen, sie prüft, prüf|te, hat ge|prüft, die Prü|fung

die **Prü|gel**, die Prü|ge|lei, prü|geln

prus|ten, er prus|tet, prus|te|te, hat ge|prus|tet

Pst! *oder:* Pscht!

das **Pu|bli|kum**

der **Pud|ding**, die Pud|din|ge *oder:* die Pud|dings

der **Pu|del**, die Pu|del

der **Pu|der**, pu|dern

der **Pul|lo|ver**, die Pul|lo|ver, der Pul|li

der **Puls**, die Pul|se

das **Pul|ver**, die Pul|ver

pumm(e)|lig

die **Pum|pe**, die Pum|pen, pum|pen

der **Punkt**, die Punk|te

pünkt|lich

die **Pu|pil|le**, die Pu|pil|len

die **Pup|pe**, die Pup|pen

pur|zeln, sie pur|zelt, pur|zel|te, ist ge|pur|zelt

pus|ten, er pus|tet, pus|te|te, hat ge|pus|tet, die Pus|te

die **Pu|te**, die Pu|ten

put|zen, sie putzt, putz|te, hat ge|putzt

der **Py|ja|ma**, die Py|ja|mas

die **Py|ra|mi|de**, die Py|ra|mi|den

A B C D E F G H I J K L M N O **P** Q R S T U V W X Y Z

Qu qu

der **Qua|der**, die Qua|der

das **Qua|drat**, die Qua|dra|te, qua|dra|tisch

Quak!

qua|ken, er quakt, quak|te, hat ge|quakt

die **Qual**, die Qua|len

quä|len, sie quält, quäl|te, hat ge|quält, die Quä|le|rei

die **Qua|li|tät**, die Qua|li|tä|ten

die **Qual|le**, die Qual|len

der **Qualm**

qual|men, es qualmt, qualm|te, hat ge|qualmt

der **Quark**

das **Quar|tett**, die Quar|tet|te

das **Quar|tier**, die Quar|tie|re

quas|seln, er quas|selt, quas|sel|te, hat ge|quas|selt

quat|schen, du quatschst, sie quatscht, quatsch|te, hat ge|quatscht, der Quatsch

die **Quel|le**, die Quel|len

quel|len, es quillt, quoll, ist ge|quol|len

quer, etwas quer stellen

quet|schen, du quetschst, er quetscht, quetsch|te, hat ge|quetscht, die Quet|schung

quie|ken, es quiekt, quiek|te, hat ge|quiekt

quiet|schen, es quietscht, quietsch|te, hat ge|quietscht

der **Quirl**, die Quir|le

quir|len, sie quirlt, quirl|te, hat ge|quirlt

quitt, wir sind quitt

die **Quit|tung**, die Quit-tun|gen, quit|tie|ren

das **Quiz**

R r

der **Ra|batt**, die Ra|bat|te
der **Ra|be**, die Ra|ben
die **Ra|che**, Rache nehmen, rä|chen
das **Rad**, die Rä|der, ra|deln
der **Ra|dar**
der **Ra|dau** (Lärm)
ra|die|ren, der Ra|dier|gum|mi
das **Ra|dies|chen**, die Ra|dies|chen
ra|di|kal
das **Ra|dio**, die Ra|di|os
raf|fi|niert
ra|gen, es ragt, rag|te, hat ge|ragt
der **Rahm**
der **Rah|men**, die Rah|men
die **Ra|ke|te**, die Ra|ke|ten
ram|men, er rammt, ramm|te, hat ge|rammt
die **Ram|pe**, die Ram|pen
ran ↗ heran, rangehen
der **Rand**, die Rän|der
die **Ran|ke**, die Ran|ken, ran|ken
der **Ran|zen**, die Ran|zen
der **Rap|pe**, die Rap|pen
der **Raps** (Ölpflanze)
rar, die Ra|ri|tät
rasch
ra|scheln, es ra|schelt, ra|schel|te, hat ge|ra|schelt
ra|sen, sie rast, ras|te, ist ge|rast, die Ra|se|rei
der **Ra|sen**, der Ra|sen|mä|her
ra|sie|ren, er ra|siert, ra|sier|te, hat ra|siert
die **Ras|se**, die Ras|sen
die **Ras|sel**, die Ras|seln
die **Rast**, der Rast|platz, ras|ten
der **Rat**, der Rat|schlag
ra|ten, sie rät, riet, hat ge|ra|ten
das **Rät|sel**, die Rät|sel
die **Rat|te**, die Rat|ten
rat|tern, es rat|tert, rat|ter|te, hat ge|rat|tert
rat|ze|kahl
rau, rau|es Klima
rau|ben, der Raub, der Räu|ber, das Raub|tier, räu|be|risch

rau|chen, der Rauch, der Rau|cher
räu|chern, er räu|chert, räu|cher|te, hat ge|räu|chert
rau|fen, sie rauft, rauf|te, hat ge|rauft, die Rau|fe|rei
der **Raum**, die Räu|me, räu|men, das Raum|schiff
die **Rau|pe**, die Rau|pen
raus ↗ heraus
rau|schen, es rauscht, rausch|te, hat ge|rauscht
sich **räus|pern**, er räus|pert sich, räus|per|te sich, hat sich ge|räus|pert
re|a|gie|ren, sie re|a|giert, re|a|gier|te, hat re|a|giert, die Re|ak|ti|on
die **Re|be**, die Re|ben
der **Re|chen**, die Re|chen
rech|nen, er rech|net, rech|ne|te, hat ge|rech|net, die Rech|nung
recht, die rech|te Hand, erst recht
das **Recht**, die Rech|te, du hast Recht, die Recht|schrei-bung, das Recht|eck
rechts
recht|zei|tig
das **Reck**, die Re|cke *oder:* die Recks
sich **re|cken**, sie reckt sich, reck|te sich, hat sich ge|reckt
re|den, die Re|de, der Red|ner, red|lich
die **Re|form**, re|for|mie|ren
das **Re|gal**, die Re|ga|le
die **Re|gel**, die Re|geln, re|geln, re|gel|mä|ßig
der **Re|gen**, reg|ne|risch
re|gie|ren, er re|giert, re|gier|te, hat re|giert, die Re|gie|rung
reg|nen, es reg|net, reg|ne|te, hat ge|reg|net
das **Reh**, die Re|he
rei|ben, sie reibt, rieb, hat ge|rie|ben
reich, der Reich|tum, der Rei|che, reich|lich
das **Reich**, die Rei|che
rei|chen, es reicht, reich|te, hat ge|reicht
reif
der **Reif** (gefrorener Tau), der Rau|reif

der **Reifen**, die Reifen
die **Reihe**, die Reihen
der **Reim**, die Reime, reimen
rein (sauber)
rein ↗ herein
reinigen, er reinigt, reinigte, hat gereinigt, die Reinigung
der **Reis** (ein Getreide)
die **Reise**, die Reisen
reisen, sie reist, reiste, ist gereist
das **Reisig**, das Reisigbündel
reißen, er reißt, riss, hat gerissen, der Riss
reiten, er reitet, ritt, ist geritten
reizen, es reizt, reizte, hat gereizt, der Reiz, reizvoll
die **Reklame**
der **Rekord**, die Rekorde
der **Rekorder**, die Rekorder, der Kassettenrekorder
der **Rektor**, die Rektoren, die Rektorin
die **Religion**, die Religionen, religiös
die **Reling** (Schiffsgeländer)
rempeln, er rempelt, rempelte, hat gerempelt, die Rempelei
rennen, sie rennt, rannte, ist gerannt, das Rennen
renovieren, er renoviert, renovierte, hat renoviert, die Renovierung
die **Rente**, die Renten, die Rentner
reparieren, sie repariert, reparierte, hat repariert, die Reparatur
der **Reporter**, die Reporter, die Reporterin
das **Reptil**, die Reptilien
die **Republik**, die Republiken
reservieren, er reserviert, reservierte, hat reserviert, die Reserve
der **Respekt**
der **Rest**, die Reste
das **Restaurant**, die Restaurants
das **Resultat**, die Resultate
retten, sie rettet, rettete, hat gerettet, der Retter, die Rettung
der **Rettich**, die Rettiche

das **Re|vier**, die Re|vie|re
die **Re|vo|lu|ti|on**,
der Re|vo|lu|ti|o|när
das **Re|zept**, die Re|zep|te
der **Rha|bar|ber**
der **Rhein**
Rhein|land-Pfalz,
rhein|land-pfäl|zisch
der **Rhyth|mus**, rhyth|misch
rich|ten, der Rich|ter,
die Rich|te|rin, das Ge|richt
rich|tig
die **Rich|tung**, die Rich|tun|gen
rie|chen, es riecht, roch,
hat ge|ro|chen, der Ge|ruch
der **Rie|gel**, die Rie|gel
der **Rie|men**, die Rie|men
der **Rie|se**, die Rie|sen
rie|seln, es rie|selt,
rie|sel|te, hat ge|rie|selt
rie|sig
die **Ril|le**, die Ril|len
das **Rind**, die Rin|der
die **Rin|de**, die Rin|den
der **Ring**, die Rin|ge
die **Rin|gel|nat|ter** (Schlange),
die Rin|gel|nat|tern
rin|gen, er ringt, rang, hat
ge|run|gen, der Ring|kampf

rings, rings|he|rum
die **Rin|ne**, die Rin|nen
rin|nen, es rinnt, rann,
ist ge|ron|nen, das Rinn|sal
die **Rip|pe**, die Rip|pen
das **Ri|si|ko**, die Ri|si|kos *oder:*
die Ri|si|ken, ris|kant
ris|kie|ren, sie ris|kiert,
ris|kier|te, hat ris|kiert
der **Riss**, die Ris|se, ris|sig
der **Ritt**, die Rit|te
der **Rit|ter**, die Rit|ter
rit|zen, er ritzt, ritz|te,
hat ge|ritzt, die Rit|ze
die **Rob|be**, die Rob|ben
der **Ro|bo|ter**, die Ro|bo|ter
der **Rock**, die Rö|cke
ro|deln, sie ro|delt,
ro|del|te, ist ge|ro|delt
der **Rog|gen** (Getreide)
roh
das **Rohr**, die Roh|re
die **Röh|re**, die Röh|ren
die **Rol|le**, die Rol|len, rol|len
das **Rol|lo**, die Rol|los,
der Roll|la|den
der **Ro|man**, die Ro|ma|ne
ro|man|tisch,
die Ro|man|tik

röntgen, er röntgt, wurde geröntgt, die Röntgenuntersuchung

rosa

die **Rose**, die Rosen, rosig

die **Rosine**, die Rosinen

das **Ross** (Pferd), die Rosse

die **Rosskastanie**

der **Rost** (Gitter über dem Feuer), die Roste

der **Rost** (auf Eisen), rostig

rosten, es rostet, rostete, ist gerostet

rösten, er röstet, röstete, hat geröstet

rot

das **Rotkehlchen** (Singvogel), die Rotkehlchen

die **Rübe**, die Rüben

der **Ruck**, ruckartig

rücken, du rückst, sie rückt, rückte, hat den Stuhl gerückt, ist ein Stück gerückt

der **Rücken**, die Rückfahrt, die Rückkehr, das Rücklicht

der **Rucksack**, die Rucksäcke

die **Rücksicht**, rücksichtslos

rückwärts

Ruck, zuck!

der **Rüde** (männlicher Hund), die Rüden

das **Rudel**, die Rudel

das **Ruder**, die Ruder, rudern, der Ruderer

der **Ruf**, die Rufe

rufen, er ruft, rief, hat gerufen

rügen, die Rüge

die **Ruhe**, ruhen, ruhig

der **Ruhm**, rühmen

rühren, sie rührt, rührte, hat gerührt, das Rührei, rührend, die Rührung

die **Ruine**, die Ruinen

rum ↗ herum

Rumänien, der Rumäne, rumänisch

der **Rummel**

der **Rumpf**, die Rümpfe

rümpfen, er rümpft die Nase, rümpfte, hat gerümpft

rund, eine Runde, rundherum, rundlich

runter ↗ herunter

die **Run|zel**, die Run|zeln,
run|zeln, runz|lig
der **Rü|pel**, die Rü|pel
rup|fen, sie rupft, rupf|te,
hat ge|rupft
rup|pig
der **Ruß**, ru|ßig
der **Rüs|sel**, die Rüs|sel
Russ|land, der Rus|se,
die Rus|sin, rus|sisch
rüs|ten, er rüs|tet, rüs|te|te,
hat ge|rüs|tet, rüs|tig,
die Rüs|tung
die **Ru|te**, die Ru|ten
rut|schen, du rutschst,
sie rutscht, rutsch|te,
ist ge|rutscht,
die Rut|sche
rüt|teln, er rüt|telt,
rüt|tel|te, hat ge|rüt|telt

S s

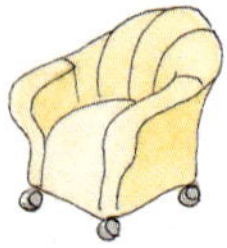

der **Saal**, die Sä|le
Saar|land, saar|län|disch
die **Saat**, die Saa|ten
die **Sa|che**, die Sa|chen,
säch|lich
Sach|sen, säch|sisch
Sach|sen-An|halt,
sach|sen-an|hal|ti|nisch
sacht *oder:* sach|te
der **Sack**, die Sä|cke
sä|en, sie sät, sä|te,
hat ge|sät
der **Saft**, die Säf|te, saf|tig
die **Sa|ge**, die Sa|gen
die **Sä|ge**, die Sä|gen
sa|gen, du sagst, er sagt,
sag|te, hat ge|sagt
sä|gen, du sägst, sie sägt,
säg|te, hat ge|sägt
die **Sah|ne**, sah|nig
die **Sai|son**, die Sai|sons
die **Sai|te** (bei einer Geige),
die Sai|ten, *aber:*
↗ die Seite
der **Sa|la|man|der**,
die Sa|la|man|der

die **Sa|la|mi**, die Sa|la|mis
der **Sa|lat**, die Sa|la|te
die **Sal|be**, die Sal|ben
der **Sal|to**, die Sal|tos
das **Salz**, die Sal|ze, sal|zig
der **Sa|men**, die Sa|men
sam|meln, er sam|melt, sam|mel|te, hat ge|sam-melt, die Samm|lung
Sams|tag, am Sams|tag-abend, sams|tags
der **Samt**, sam|tig
sämt|lich
das **Sa|na|to|ri|um**, die Sa|na|to|ri|en
der **Sand**, san|dig
die **San|da|le**, die San|da|len
sanft, sanft|mü|tig
der **Sän|ger**, die Sän|ger, die Sän|ge|rin
der **Sa|ni|tä|ter**, die Sa|ni|tä|ter
der **Sarg**, die Sär|ge
der **Sa|tel|lit**, die Sa|tel|li|ten
satt
der **Sat|tel**, die Sät|tel, sat|teln
der **Satz**, die Sät|ze
die **Sau**, die Säue
sau|ber, die Sau|ber|keit
säu|bern, sie säu|bert, säu|ber|te, hat ge|säu|bert
die **Sau|ce**, die Sau|cen, *auch:* die So|ße
sau|er, säu|er|lich
der **Sau|er|stoff**
sau|fen, er säuft, soff, hat ge|sof|fen
sau|gen, sie saugt, sog, hat ge|so|gen
säu|gen, sie säugt, säug|te, hat ge|säugt, das Säu|ge-tier, der Säug|ling
die **Säu|le**, die Säu|len
der **Saum**, die Säu|me, säu|men
die **Sau|na**, die Sau|nas *oder:* die Sau|nen
sau|sen, sie saust, saus|te, ist ge|saust
die **Scha|be** (Insekt), die Scha|ben
scha|ben, er schabt, schab|te, hat ge|schabt
schä|big
die **Scha|blo|ne**, die Scha|blo|nen
das **Schach**, das Schach|spiel, schach|matt

der **Schacht**, die Schäch|te
die **Schach|tel**, die Schach|teln
scha|de
der **Schä|del**, die Schä|del
scha|den, es scha|det, scha|de|te, hat ge|scha|det
der **Scha|den**, die Schä|den, schäd|lich, der Schäd|ling
das **Schaf**, die Scha|fe, der Schä|fer, der Schä|fer|hund
schaf|fen, sie schafft, schaff|te, hat ge|schafft, *aber:* sie schuf ein schönes Bild, sie hat ein Bild ge|schaffen
der **Schaff|ner**, die Schaff|ner, die Schaff|ne|rin
die **Schaf|gar|be** (Pflanze)
der **Schal**, die Schals
die **Scha|le**, die Scha|len
schä|len, er schält, schäl|te, hat ge|schält
der **Schall**
schal|len, es schallt, schall|te, hat ge|schallt
schal|ten, sie schal|tet, schal|te|te, hat ge|schal|tet, der Schal|ter, die Schal|tung
sich **schä|men**, er schämt sich, schäm|te sich, hat sich ge|schämt, die Scham
die **Schan|de**
die **Schan|ze**, die Schan|zen
die **Schar**, die Scha|ren
scharf, die Schär|fe
der **Schar|lach**
das **Schar|nier**, die Schar|nie|re
schar|ren, sie scharrt, scharr|te, hat ge|scharrt
der **Schat|ten**, die Schat|ten, schat|tig
der **Schatz**, die Schät|ze
schät|zen, er schätzt, schätz|te, hat ge|schätzt
schau|en, sie schaut, schau|te, hat ge|schaut, die Schau
der **Schau|er** (kurzer Regen), die Schau|er
die **Schau|fel**, die Schau|feln, schau|feln
die **Schau|kel**, die Schau|keln, schau|keln
der **Schaum**, schäu|men, schau|mig
schau|rig
der **Scheck**, die Schecks

sche|ckig
die **Schei|be**, die Schei|ben
die **Schei|de**, die Schei|den
schei|den, er schei|det, schied, ist ge|schie|den, die Schei|dung
der **Schein**, die Schei|ne
schein|bar
schei|nen, es scheint, schien, hat ge|schie|nen
der **Schei|tel**, die Schei|tel
schei|tern, es schei|tert, schei|ter|te, ist ge|schei|tert
der **Sche|mel**, die Sche|mel
der **Schen|kel**, die Schen|kel
schen|ken, sie schenkt, schenk|te, hat ge|schenkt, das Ge|schenk
die **Scher|be**, die Scher|ben
die **Sche|re**, die Sche|ren
der **Scherz**, die Scher|ze, scher|zen
scheu
scheu|chen, er scheucht, scheuch|te, hat ge|scheucht, die Vo|gel|scheu|che
scheu|en, das Pferd scheut, keine Mühe scheuen, die Scheu|klap|pe
scheu|ern, der Scheu|er|sand
die **Scheu|ne**, die Scheu|nen
das **Scheu|sal**, die Scheu|sa|le
scheuß|lich
der **Schi**, die Schier, *auch:* der Ski, die Skier
die **Schicht**, die Schich|ten
schick
schi|cken, du schickst, sie schickt, schick|te, hat ge|schickt
das **Schick|sal**, die Schick|sa|le
schie|ben, er schiebt, schob, hat ge|scho|ben
schief
schie|len, sie schielt, schiel|te, hat ge|schielt
die **Schie|ne**, die Schie|nen, das Schien|bein
schie|ßen, du schießt, er schießt, schoss, hat ge|schos|sen, der Schuss
das **Schiff**, die Schif|fe, die Schiff|fahrt

die **Schi|ka|ne**, die Schi|ka|nen, schi|ka|nie|ren

das **Schild**, die Schil|der

der **Schild** (Schutz), die Schil|de

schil|dern, sie schil|dert, schil|der|te, hat ge|schil-dert, die Schil|de|rung

die **Schild|krö|te**, die Schild|krö|ten

das **Schilf** (Grasart)

schil|lern, es schil|lert, schil|ler|te, hat ge|schil|lert

der **Schim|mel** (weißes Pferd), die Schim|mel

der **Schim|mel** (heller Pilz-belag), schim|meln, schimm(e)|lig

schim|mern, es schim-mert, schim|mer|te, hat ge|schim|mert, der Schim|mer

der **Schim|pan|se**, die Schim|pan|sen

schimp|fen, er schimpft, schimpf|te, hat ge|schimpft

der **Schin|ken**, die Schin|ken

die **Schip|pe**, die Schip|pen, schip|pen

der **Schirm**, die Schir|me

schlach|ten, er schlach|tet, schlach|te|te, hat ge-schlach|tet, der Schlach|ter *oder:* der Schläch|ter

der **Schlaf**, schläf|rig

die **Schlä|fe**, die Schlä|fen

schla|fen, sie schläft, schlief, hat ge|schla|fen

schlaff

der **Schlag**, die Schlä|ge

schla|gen, er schlägt, schlug, hat ge|schla|gen

der **Schlamm**, schlam|mig

schlam|pig

die **Schlan|ge**, die Schlan|gen, sich schlän|geln

schlank

schlapp

schlau, die Schläue

der **Schlauch**, die Schläu|che

die **Schlau|fe**, die Schlau|fen

schlecht, schlech|tes Wetter, schlecht gelaunt, etwas Schlech|tes

schle|cken, sie schleckt, schleck|te, hat ge|schleckt

schlei|chen, er schleicht, schlich, ist ge|schli|chen

der **Schlei|er**, die Schlei|er,
die Schlei|er|eu|le

die **Schlei|fe**, die Schlei|fen

schlei|fen (schärfen),
sie schleift, schliff,
hat ge|schlif|fen

schlei|fen (über den
Boden ziehen), er schleift,
schleif|te, hat ge|schleift

der **Schleim**, schlei|mig

schlen|dern, sie schlen-
dert, schlen|der|te,
ist ge|schlen|dert

schlep|pen, er schleppt,
schlepp|te, hat ge|schleppt,
die Schlep|pe,
der Schlep|per

Schles|wig-Hol|stein,
schles|wig-hol|stei|nisch

schleu|dern, die Schleu|der

schleu|nigst

die **Schleu|se**, die Schleu|sen,
schleu|sen

schlicht

schlie|ßen, du schließt,
sie schließt, schloss, hat
ge|schlos|sen, das Schloss

schließ|lich

schlimm

die **Schlin|ge**, die Schlin|gen

der **Schlin|gel**, die Schlin|gel

schlin|gen, er schlingt,
schlang, hat ge|schlun|gen

schlin|gern

der **Schlips**, die Schlip|se

der **Schlit|ten**, die Schlit|ten

schlit|tern, sie schlit|tert,
schlit|ter|te, ist ge|schlit|tert

der **Schlitt|schuh**,
die Schlitt|schu|he

der **Schlitz**, die Schlit|ze

das **Schloss** (1. Türschloss,
2. Königsschloss),
die Schlös|ser

der **Schlos|ser**, die Schlos|ser

der **Schlot**, die Schlo|te

die **Schlucht**, die Schluch|ten

schluch|zen,
er schluchzt, schluchz|te,
hat ge|schluchzt

schlu|cken, sie schluckt,
schluck|te, hat ge|schluckt,
der Schluck,
der Schluck|auf

schlu|dern, er schlu|dert,
schlu|der|te,
hat ge|schlu|dert

der **Schlum|mer**, schlum|mern

schlüp|fen, es schlüpft, schlüpf|te, ist ge|schlüpft
schlür|fen, sie schlürft, schlürf|te, hat ge|schlürft
der **Schluss**, die Schlüs|se
der **Schlüs|sel**, die Schlüs|sel
schmäch|tig
schmal
das **Schmalz**
schmat|zen, er schmatzt, schmatz|te, hat ge|schmatzt
der **Schmaus**
schme|cken, du schmeckst, es schmeckt, schmeck|te, hat ge|schmeckt, der Ge|schmack
schmei|cheln
schmei|ßen, sie schmeißt, schmiss, hat ge|schmis|sen
schmel|zen, es schmilzt, schmolz, ist ge|schmol|zen
der **Schmerz**, die Schmer|zen, schmer|zen, schmerz|los, schmerz|haft
der **Schmet|ter|ling**, die Schmet|ter|lin|ge
schmet|tern
der **Schmied**, die Schmie|de, schmie|den
schmie|ren, er schmiert, schmier|te, hat ge-schmiert, schmie|rig
die **Schmin|ke**, sich schmin|ken
schmö|kern, sie schmö-kert, schmö|ker|te, hat ge|schmö|kert
schmo|ren, er schmort, schmor|te, hat ge|schmort
schmü|cken, sie schmückt, schmück|te, hat ge|schmückt, der Schmuck
schmug|geln, er schmug-gelt, schmug|gel|te, hat ge|schmug|gelt
schmun|zeln, sie schmun-zelt, schmun|zel|te, hat ge|schmun|zelt
schmu|sen, er schmust, schmus|te, hat ge|schmust
der **Schmutz**, schmut|zig
der **Schna|bel**, die Schnä|bel
die **Schnal|le**, die Schnal|len
schnal|zen, sie schnalzt, schnalz|te, hat ge|schnalzt

schnap|pen, er schnappt, schnapp|te, hat ge|schnappt

der **Schnaps**, die Schnäp|se

schnar|chen, sie schnarcht, schnarch|te, hat ge|schnarcht

schnat|tern, er schnat-tert, schnat|ter|te, hat ge|schnat|tert

schnau|ben, es schnaubt, schnaub|te, hat ge|schnaubt

schnau|fen

die **Schnau|ze**, die Schnau|zen

sich **schnäu|zen**, sie schnäuzt sich die Nase

die **Schne|cke**, die Schne|cken

der **Schnee**, der Schnee|mann

schnei|den, er schnei|det, schnitt, hat ge|schnit|ten, der Schnitt

der **Schnei|der**, die Schnei|der

die **Schnei|de|rin**, die Schnei|de|rin|nen

schnei|en, es schneit, schnei|te, hat ge|schneit

schnell

Schnipp, schnapp!

schnip|pen, sie schnippt mit den Fingern, schnipp|te, hat ge|schnippt, *auch:* schnip|sen

der **Schnip|sel**, die Schnip|sel, schnip|seln

der **Schnitt**, die Schnit|te, schnit|tig

der **Schnitt|lauch**

das **Schnit|zel**, die Schnit|zel

schnit|zen, er schnitzt, schnitz|te, hat ge|schnitzt

der **Schnor|chel**, die Schnor|chel, schnor|cheln

der **Schnör|kel**, die Schnör|kel

schnüf|feln, sie schnüf|felt, schnüf|fel|te, hat ge|schnüf|felt

der **Schnul|ler**, die Schnul|ler

der **Schnup|fen**

schnup|pern, er schnup|pert, schnup|per|te, hat ge|schnup|pert

die **Schnur**, die Schnü|re, schnü|ren

der **Schnurr|bart**, die Schnurr|bär|te

A B C D E F G H I J K L M N O P Q R S T U V W X Y Z

schnur|ren, sie schnurrt, schnurr|te, hat ge|schnurrt
der **Schock**, ge|schockt
die **Scho|ko|la|de**
die **Schol|le** (1. ein Seefisch, 2. ein Eisklumpen), die Schol|len
schon
schön, die Schön|heit
scho|nen, er schont, schon|te, hat ge|schont, die Scho|nung
schöp|fen, sie schöpft, schöpf|te, hat ge|schöpft, der Schöp|fer, die Schöp|fung
der **Schorn|stein**, die Schorn|stei|ne
der **Schoß**, die Schö|ße
die **Scho|te**, die Scho|ten
der **Schot|ter**
schräg
die **Schram|me**, die Schram|men, schram|men
der **Schrank**, die Schrän|ke
die **Schran|ke**, die Schran|ken
die **Schrau|be**, die Schrau|ben, schrau|ben
der **Schreck** *oder:* der Schre-cken, die Schre|cken, schreck|lich
der **Schrei**, die Schreie
schrei|ben, er schreibt, schrieb, hat ge|schrie|ben
schrei|en, sie schreit, schrie, hat ge|schrien
schrei|ten, er schrei|tet, schritt, ist ge|schrit|ten
die **Schrift**, die Schrif|ten, schrift|lich
schrill
der **Schritt**, die Schrit|te
schroff
der **Schrott**
schrub|ben, sie schrubbt, schrubb|te, hat ge-schrubbt, der Schrub|ber
schrul|lig
schrump|fen, es schrumpft, schrumpf|te, ist ge|schrumpft
der **Schub**, die Schü|be, das Schub|fach, die Schub|la|de
schub|sen, er schubst, schubs|te, hat ge|schubst, der Schubs

schüch|tern
der **Schuft**, die Schuf|te
schuf|ten, sie schuf|tet, schuf|te|te, hat ge|schuf|tet
der **Schuh**, die Schu|he
die **Schuld**, die Schul|den, ich habe Schuld, ich bin schuld, schul|dig
die **Schu|le**, die Schu|len
der **Schü|ler**, die Schü|ler
die **Schü|le|rin**, die Schü|le|rin|nen
die **Schul|ter**, die Schul|tern
schum|meln, er schum-melt, schum|mel|te, hat ge|schum|melt
die **Schup|pe**, die Schup|pen
der **Schup|pen**, die Schup|pen
schü|ren
der **Schur|ke**, die Schur|ken
die **Schür|ze**, die Schür|zen
der **Schuss**, die Schüs|se
die **Schüs|sel**, die Schüs|seln
schuss(e)|lig
der **Schus|ter**, die Schus|ter
der **Schutt**
schüt|teln, sie schüt|telt, schüt|tel|te, hat ge|schüt|telt
schüt|ten
der **Schüt|ze**, die Schüt|zen
schüt|zen, er schützt, schütz|te, hat ge|schützt, der Schutz, der Schütz|ling
schwach, schwä|cher, die Schwä|che, der Schwäch|ling
die **Schwal|be**, die Schwal|ben
der **Schwall**
der **Schwamm**, die Schwäm|me
der **Schwan**, die Schwä|ne
schwan|ken, die Schwan|kung
der **Schwanz**, die Schwän|ze
schwän|zen, sie schwänzt, schwänz|te, hat ge|schwänzt
der **Schwarm**, die Schwär|me, schwär|men
die **Schwar|te**, die Schwar|ten
schwarz, der/die Schwar|ze
schwat|zen, er schwatzt, schwatz|te, hat ge-schwatzt, schwatz|haft
schwe|ben, es schwebt, schweb|te, hat/ist ge-schwebt

Schwe|den, schwe|disch
schwei|gen, sie schweigt, schwieg, hat ge|schwie-gen, schweig|sam
das **Schwein**, die Schwei|ne
der **Schweiß**
schwei|ßen, der Schwei|ßer
die **Schweiz**, schwei|ze|risch
schwel|len, es schwillt, schwoll, ist ge|schwol|len, die Schwel|lung
schwen|ken, er schwenkt, schwenk|te, hat ge|schwenkt
schwer, schwerfallen, schwer krank
das **Schwert**, die Schwer|ter
die **Schwes|ter**, die Schwes|tern
schwie|rig, die Schwie|rig|keit
schwim|men, sie schwimmt, schwamm, ist ge|schwom|men, der Schwim|mer, das Schwimm|bad
der **Schwin|del**
schwin|deln, er schwin-delt, schwin|del|te, hat ge|schwin|delt
schwind|lig, schwin|del|frei
schwin|gen, es schwingt, schwang, hat/ist ge-schwun|gen
schwir|ren, es schwirrt, schwirr|te, der Pfeil ist ge|schwirrt, die Luft hat geschwirrt
schwit|zen, sie schwitzt, schwitz|te, hat ge|schwitzt
schwö|ren, er schwört, schwor, hat ge|schwo|ren
schwül
der **Schwung**, die Schwün|ge
der **Schwur**, die Schwü|re
sechs, sech|zehn, sech|zig, die sechs|te Reihe, der Sechs|te
sechs|mal, sechsmal lau-fen, *aber:* sechs mal vier
der **See**, die Se|en, die See|räuber
die **See** (das Meer)
die **See|le**, die See|len
das **Se|gel**, die Se|gel, se|geln

der **Se|gen**
seg|nen, sie seg|net, seg|ne|te, hat ge|seg|net
se|hen, du siehst, er sieht, sah, hat ge|se|hen; Sieh mal!
die **Seh|ne**, die Seh|nen
sich **seh|nen**, sie sehnt sich, sehn|te sich, hat sich ge|sehnt, die Sehn|sucht
sehr, sehr gut
seicht
ihr **seid** ↗ sein, ihr seid gekommen, seid vorsich- tig, *aber:* ↗ seit einem Jahr
die **Sei|de**, sei|dig
die **Sei|fe**, die Sei|fen, sei|fig
das **Seil**, die Sei|le
sein, ich bin, du bist, er ist, wir sind, ihr seid, sie sind, ich war, du warst, wir wa|ren, ihr wart, ge|we|sen, sein lassen, zusammen sein
sein, sein Buch, sei|ne Mutter
seit, seit einem Jahr, *aber:* ↗ seid
die **Sei|te**, die Sei|ten, seit|lich
die **Se|kre|tä|rin**, die Se|kre|tä-rin|nen, der Se|kre|tär, das Se|kre|ta|ri|at
der **Sekt**
die **Sek|te**, die Sek|ten
die **Se|kun|de**, die Se|kun|den
sel|ber *oder:* selbst
selbst, selbstgebackener Kuchen, selbst|ver|ständ|lich, die Selbst|be|die|nung
selbst|stän|dig *oder:* selb|stän|dig
se|lig, die Se|lig|keit
der **Sel|le|rie**
sel|ten, die Sel|ten|heit
selt|sam
das **Se|mi|ko|lon** (Satzzei-chen), die Se|mi|ko|lons
die **Sem|mel**, die Sem|meln
der **Se|nat**, der Se|na|tor, die Se|na|to|rin
sen|den, er sen|det einen Brief, sand|te/sen|de|te, hat ge|sandt/ge|sen|det
sen|den (Funk), der Sen|der, die Sen|dung
der **Senf**

sen|ken, sie senkt, senk|te, hat ge|senkt
senk|recht
die **Sen|sa|ti|on**, die Sen|sa|ti|o|nen, sen|sa|ti|o|nell
die **Sen|se**, die Sen|sen
der **Sep|tem|ber**
die **Se|rie**, die Se|ri|en
die **Ser|pen|ti|ne** (Windung), die Ser|pen|ti|nen
der **Ses|sel**, die Ses|sel
(sich) **set|zen**, er setzt (sich), setz|te (sich), hat (sich) ge|setzt
die **Seu|che**, die Seu|chen, ver|seucht
seuf|zen, sie seufzt, seufz|te, hat ge|seufzt, der Seuf|zer
die **Shorts**
die **Show**, die Shows
sich
si|cher, sicher sein, die Si|cher|heit, si|cher|lich, das Si|chers|te
die **Si|che|rung**, die Si|che|run|gen
die **Sicht**, sicht|bar
sie, sie ist groß, *aber:* Sieh mal! ↗ sehen
das **Sieb**, die Sie|be, sie|ben
sie|ben, sieb|zehn, sieb|zig, die sieb(en)|te Reihe
sie|ben|mal, siebenmal verlieren, *aber:* sieben mal acht
sie|den, es sie|det, sie|de|te, hat ge|sie|det, sie|dend heiß, der Sie|de|punkt
die **Sied|lung**, die Sied|lun|gen, sie|deln, der Sied|ler
der **Sieg**, die Sie|ge, der Sie|ger, die Sie|ge|rin
sie|gen, er siegt, sieg|te, hat ge|siegt
das **Si|gnal**, die Si|gna|le
die **Sil|be**, die Sil|ben
das **Sil|ber**, sil|bern
Sil|ves|ter
wir **sind** ↗ sein
sin|gen, sie singt, sang, hat ge|sun|gen, der Ge|sang
der **Sin|gu|lar** (Einzahl)
sin|ken, es sinkt, sank, ist ge|sun|ken
der **Sinn**, die Sin|ne, sinn|los, sinn|voll

die **Sint|flut**
die **Si|re|ne**, die Si|re|nen
der **Si|rup**, die Si|ru|pe
die **Sit|te**, die Sit|ten
die **Si|tu|a|ti|on**, die Si|tu|a|ti|o|nen
sit|zen, er sitzt, saß, hat ge|ses|sen, der Sitz
die **Ska|la** (Maßeinteilung), die Ska|len
der **Skat**
das **Skate|board**, die Skate|boards
das **Ske|lett**, die Ske|let|te
der **Ski**, die Skier, *auch:* der Schi, die Schier
die **Skiz|ze**, die Skiz|zen
der **Skla|ve**, die Skla|ven
der **Sla|lom**
der **Slip**, die Slips
der **Smog**
der **Snack**, die Snacks
das **Snow|board**, die Snow-boards, die Snow|boar|der
so, so|bald
die **So|cke**, die So|cken, die Söck|chen
der **So|ckel**, die So|ckel
so|dass, *auch:* so dass
so|eben
das **So|fa**, die So|fas
so|fort
so|gar
so ge|nannt, *auch:* so|ge|nannt, *kurz:* sog.
so|gleich
die **Soh|le**, die Soh|len
der **Sohn**, die Söh|ne
so|lan|ge, solange du krank bist, *aber:* es dauert so lange
so|lar, die So|lar|ener|gie
solch, sol|che
der **Sol|dat**, die Sol|da|ten
sol|len, sie soll, soll|te
das **So|lo**, die So|li
der **Som|mer**, som|mer|lich
son|der|bar
son|dern
der **Song**, die Songs
Sonn|abend, sonn|abends
die **Son|ne**, die Son|nen, sich son|nen, son|nig
Sonn|tag, sonn|tags, am Sonn|tag|abend
sonst
der **So|pran**, die So|pra|ne
die **Sor|ben**, sor|bisch

A B C D E F G H I J K L M N O P Q R **S** T U V W X Y Z

A B C D E F G H I J K L M N O P Q R **S** T U V W X Y Z

die **Sor|ge**, die Sor|gen
sor|gen, er sorgt, sorg|te, hat ge|sorgt, sorg|fäl|tig
die **Sor|te**, die Sor|ten
sor|tie|ren
die **So|ße**, die So|ßen, *auch:* die Sau|ce
so|viel, soviel ich weiß …, *aber:* so viel Geld
so|wie
so|wohl, sowohl als auch
so|zi|al, die So|zi|al|hil|fe
der **Spach|tel**, die Spach|tel, spach|teln
der **Spa|gat**
die **Spa|get|ti** *oder:* die Spa|ghet|ti
spä|hen, sie späht, späh|te, hat ge|späht
das **Spa|lier**, die Spa|lie|re
der **Spalt** *oder:* die Spal|te, die Spal|ten, spal|ten
der **Span**, die Spä|ne
die **Span|ge**, die Span|gen
Spa|ni|en, der Spa|nier, spa|nisch
span|nen, er spannt, spann|te, hat ge|spannt, span|nend, die Span|nung
spa|ren, der Spa|rer, spar|sam, spär|lich
der **Spar|gel**
der **Spaß**, die Spä|ße, spa|ßen
spät, spä|tes|tens
der **Spa|ten**, die Spa|ten
der **Spatz**, die Spat|zen
spa|zie|ren, sie spa|ziert, spa|zier|te, ist spa|ziert, der Spa|zier|gang
der **Specht**, die Spech|te
der **Speck**, spe|ckig
der **Speer**, die Spee|re
die **Spei|che**, die Spei|chen
der **Spei|chel**
der **Spei|cher**, die Spei|cher, spei|chern
die **Spei|se**, die Spei|sen
spei|sen, er speist, speis|te, hat ge|speist
die **Spen|de**, die Spen|den, **spen|den**, der Spen|der, spen|die|ren
der **Sper|ber** (Greifvogel), die Sper|ber
der **Sper|ling**, die Sper|lin|ge
sper|ren, sie sperrt, sperr|te, hat ge|sperrt, die Sper|rung, die Sper|re

der **Spe|zi|a|list**, die Spe|zi|a-lis|ten, die Spe|zi|a|li|tät, spe|zi|ell
der **Spie|gel**, die Spie|gel, sich spie|geln
das **Spiel**, die Spie|le, spie|len
der **Spieß**, die Spie|ße
der **Spi|nat**
die **Spin|del**, die Spin|deln
die **Spin|ne**, die Spin|nen
spin|nen, er spinnt, spann, hat ge|spon|nen
der **Spi|on**, die Spi|o|ne, spi|o|nie|ren
die **Spi|ra|le**, die Spi|ra|len
spitz, die Spit|ze, spit|zen
der **Split|ter**, die Split|ter, split|tern
der **Sport**, sport|lich
der **Sport|ler**, die Sport|ler
die **Sport|le|rin**, die Sport-le|rin|nen
der **Spott**, spot|ten, der Spöt|ter, spöt|tisch
die **Spra|che**, die Spra|chen, sprach|lich, sprach|los
spre|chen, sie spricht, sprach, hat ge|spro|chen; Sprich lauter!
der **Spre|cher**, die Spre|cher, die Spre|che|rin
die **Spree** (Fluss), der Spree-wald
spren|gen, er sprengt, spreng|te, hat ge|sprengt, die Spren|gung
die **Spreu**
das **Sprich|wort**, die Sprich|wör|ter
sprie|ßen, es sprießt, spross, ist ge|spros|sen
sprin|gen, sie springt, sprang, ist ge|sprun|gen, der Sprung, der Springer
sprin|ten, er sprin|tet, sprin|te|te, ist ge|sprin|tet, der Sprin|ter
der **Sprit** (*kurz für:* Spiritus, Treibstoff)
die **Sprit|ze**, die Sprit|zen
sprit|zen, es spritzt, spritz|te, hat ge|spritzt
sprö|de
der **Spross** *oder:* die Spros|se, die Spros|sen
der **Spruch**, die Sprü|che
der **Spru|del**, die Spru|del, spru|deln

sprü|hen, es sprüht, sprüh|te, hat ge|sprüht, die Sprüh|do|se

der **Sprung**, die Sprün|ge

spu|cken, du spuckst, sie spuck|te, hat ge|spuckt, die Spu|cke

spu|ken, es spukt, spuk|te, hat ge|spukt, der Spuk, das Spuk|schloss

die **Spu|le**, die Spu|len

spü|len, er spült, spül|te, hat ge|spült, die Spü|lung

die **Spur**, die Spu|ren

spü|ren, sie spürt, spür|te, hat ge|spürt

der **Spurt**, die Spurts, spur|ten

sich **spu|ten**, er spu|tet sich, spu|te|te sich, hat sich ge|spu|tet

der **Staat**, die Staa|ten, staat|lich

der **Stab**, die Stä|be, das Stäb|chen

sta|bil

der **Sta|chel**, die Sta|cheln, stach(e)|lig

das **Sta|di|on**, die Sta|di|en

die **Stadt**, die Städ|te

die **Staf|fel**, die Staf|feln

der **Stahl**, stäh|lern

der **Stall**, die Stäl|le

der **Stamm**, die Stäm|me

stam|meln, sie stam|melt, stam|mel|te, hat ge|stam|melt

stäm|mig

stamp|fen, er stampft, stampf|te, hat ge|stampft

der **Stand**, die Stän|de

der **Stän|der**, die Stän|der

stän|dig

die **Stan|ge**, die Stan|gen

der **Stän|gel**, die Stän|gel

stän|kern, sie stän|kert, stän|ker|te, hat ge|stän|kert

der **Sta|pel**, die Sta|pel, sta|peln

stap|fen, er stapft, stapf|te, ist ge|stapft, die Fuß|stap|fen

der **Star** (Singvogel), die Sta|re

der **Star** (berühmte Persönlichkeit), die Stars

stark, stär|ker, am stärks|ten

die **Stär|ke**, die Stär|ken, sich stär|ken, die Stär|kung

starr, die Star|re
star|ren, sie starrt, starr|te, hat ge|starrt
der **Start**, die Starts
star|ten, er star|tet, star|te|te, ist/hat ge|star|tet
die **Sta|ti|on**, die Sta|ti|o|nen
statt, statt|des|sen, an|statt
statt|fin|den, es findet statt, fand statt, hat statt|gefun|den
statt|lich
die **Sta|tue**, die Sta|tu|en
der **Stau**, die Staus
der **Staub**, stau|ben, stau|big
die **Stau|de**, die Stau|den
sich **stau|en**, es staut sich, stau|te sich, hat sich ge|staut
stau|nen, sie staunt, staun|te, hat ge|staunt
das **Steak**, die Steaks
ste|chen, er sticht, stach, hat ge|sto|chen, der Stich
ste|cken, du steckst, sie steckt, steck|te, hat ge|steckt
der **Ste|cker**, die Ste|cker, die Steck|do|se
der **Steck|ling** (junge Pflanze), die Steck|lin|ge
der **Steg**, die Ste|ge
ste|hen, er steht, stand, hat ge|stan|den
steh|len, sie stiehlt, stahl, hat ge|stoh|len
steif
stei|gen, er steigt, stieg, ist ge|stie|gen, die Stei|gung
stei|gern, die Stei|ge|rung
steil
der **Stein**, die Stei|ne, stei|nig, die stei|ner|ne Treppe
die **Stel|le**, die Stel|len
stel|len, sie stellt, stell|te, hat ge|stellt
...stel|lig, eine drei|stel|li|ge Zahl
die **Stel|ze**, die Stel|zen
stem|men, er stemmt, stemm|te, hat ge|stemmt
der **Stem|pel**, die Stem|pel, stem|peln
die **Step|pe**, die Step|pen
step|pen (nähen, tanzen), sie steppt, stepp|te, hat ge|steppt, die Stepp-de|cke, der Stepp|tanz

ster|ben, er stirbt, starb, ist ge|stor|ben
ste|reo, die Ste|re|o|an|la|ge
ste|ril (keimfrei)
der **Stern**, die Ster|ne
stets, ste|tig
die **Steu|er**, die Steu|ern
das **Steu|er**, das Steu|er|rad, die Steu|e|rung
sti|bit|zen, sie sti|bitzt, sti|bitz|te, hat sti|bitzt
der **Stich**, die Sti|che, sti|cheln
der **Stich|ling** (Fisch), die Stich|lin|ge
sti|cken, die Sti|cke|rei
der **Sti|cker** (Aufkleber)
sti|ckig
der **Stie|fel**, die Stie|fel
die **Stief|el|tern**, die Stief|mut|ter, der Stief|va|ter
der **Stieg|litz** (Singvogel), die Stieg|lit|ze
der **Stiel**, die Stie|le
der **Stier**, die Stie|re
der **Stift**, die Stif|te
stif|ten (spenden), er stif|tet, stif|te|te, hat ge|stif|tet, die Stif|tung
still, die Stil|le
die **Stim|me**, die Stim|men
stim|men, es stimmt, stimm|te, hat ge|stimmt
die **Stim|mung**, die Stim|mun|gen
stin|ken, es stinkt, stank, hat ge|stun|ken
die **Stirn**, die Stir|nen
stö|bern, sie stö|bert, stö|ber|te, hat ge|stö|bert
sto|chern
der **Stock**, die Stö|cke
sto|cken, die Milch stockt, ihm stock|te der Atem, ins Sto|cken geraten
das **Stock|werk**, die Stock-wer|ke, vier|stö|ckig
der **Stoff**, die Stof|fe
stöh|nen, er stöhnt, stöhn|te, hat ge|stöhnt
die **Stol|le** *oder:* der Stol|len (Weihnachtsgebäck), die Stol|len
der **Stol|len** (Abschnitt im Bergwerk), die Stol|len
stol|pern, sie stol|pert, stol|per|te, ist ge|stol|pert

stolz, stol|zie|ren
stop|fen, der Stop|fen, das Stopf|garn
Stopp! (*für:* Halt!), der Stopp
die **Stop|pel**, die Stop|peln, der Stop|pel|bart, stopp(e)|lig
stop|pen, er stoppt, stopp|te, hat ge|stoppt, der Stopp, die Stopp|uhr
der **Stöp|sel**, die Stöp|sel, stöp|seln
der **Storch**, die Stör|che
stö|ren, es stört, stör|te, hat ge|stört, die Stö|rung
stör|risch
der **Stoß**, die Stö|ße
sto|ßen, sie stößt, stieß, hat ge|sto|ßen
stot|tern, er stot|tert, stot|ter|te, hat ge|stot|tert
stracks, schnur|stracks
die **Stra|fe**, die Stra|fen, stra|fen, straf|bar
straff
der **Strahl**, die Strah|len
strah|len, sie strahlt, strahl|te, hat ge|strahlt
die **Sträh|ne**, die Sträh|nen, sträh|nig
stramm
stram|peln, es stram|pelt, stram|pel|te, hat ge|stram|pelt
der **Strand**, die Strän|de
die **Stra|pa|ze**, die Stra|pa|zen
die **Stra|ße**, die Stra|ßen
sich **sträu|ben**, er sträubt sich, sträub|te sich, hat sich ge|sträubt
der **Strauch**, die Sträu|cher
der **Strauß** (Bund Blumen), die Sträu|ße
der **Strauß** (afrikanischer Laufvogel), die Strau|ße
stre|ben, der Stre|ber, streb|sam
die **Stre|cke**, die Stre|cken
sich **stre|cken**, sie streckt sich, streck|te sich, hat sich ge|streckt
der **Streich**, die Strei|che
strei|cheln
strei|chen, er streicht, strich, hat ge|stri|chen
das **Streich|holz**, die Streich|höl|zer

die **Strei|fe**,
der Strei|fen|wa|gen
strei|fen
der **Strei|fen**, die Strei|fen,
ge|streift
der **Streik**, die Streiks,
strei|ken
der **Streit**
strei|ten, sie strei|tet,
stritt, hat ge|strit|ten
streng
der **Stress**, stres|sig
streu|en, er streut,
streu|te, hat ge|streut,
die Streu
streu|nen
der **Strich**, die Stri|che
der **Strick**, die Stri|cke
stri|cken, sie strickt,
strick|te, hat ge|strickt
strikt (streng)
die **Strip|pe**, die Strip|pen
das **Stroh**, der Stroh|halm
der **Strolch**, die Strol|che
der **Strom**, die Strö|me,
strö|men, die Strö|mung
die **Stro|phe**, die Stro|phen
strot|zen, er strotzt
vor Energie

strubb(e)|lig
der **Stru|del** (1. Wasserwirbel,
2. Gebäck), die Stru|del
der **Strumpf**, die Strümp|fe
strup|pig
die **Stu|be**, die Stu|ben
das **Stück**, die Stü|cke,
das Stück|chen
der **Stu|dent**, die Stu|den|ten
die **Stu|den|tin**,
die Stu|den|tin|nen
stu|die|ren, sie stu|diert,
stu|dier|te, hat stu|diert
das **Stu|dio**, die Stu|di|os
das **Stu|di|um**, die Stu|di|en
die **Stu|fe**, die Stu|fen
der **Stuhl**, die Stüh|le
die **Stul|le**, die Stul|len
die **Stul|pe**, die Stul|pen
stül|pen, er stülpt,
stülp|te, hat ge|stülpt
stumm
der **Stum|mel**, die Stum|mel
stumpf
der **Stumpf**, die Stümp|fe
die **Stun|de**, die Stun|den,
stünd|lich,
der Stun|den|plan
stu|pi|de

stup|sen, sie stupst, stups|te, hat ge|stupst, einen Stups geben, die Stups|na|se

stur

der **Sturm**, die Stür|me, stür|misch

stür|men, es stürmt, stürm|te, hat ge|stürmt

stür|zen, er stürzt, stürz|te, ist ge|stürzt, der Sturz

die **Stu|te**, die Stu|ten

stut|zen, sie stutzt, stutz|te, hat ge|stutzt, stut|zig werden

stüt|zen, er stützt, stütz|te, hat ge|stützt, die Stüt|ze

das **Sub|jekt** (Satzgegen-stand), die Sub|jek|te

das **Sub|stan|tiv** (Namenwort, Nomen), die Sub|stan|ti|ve

sub|tra|hie|ren (abziehen), sie sub|tra|hiert, sie sub-tra|hier|te, hat sub|tra|hiert, die Sub|trak|ti|on

su|chen, die Su|che

die **Sucht**, die Süch|te, süch|tig

der **Sü|den**, süd|lich

die **Sül|ze**, die Sül|zen

die **Sum|me**, die Sum|men, sum|mie|ren

sum|men, er summt, summ|te, hat ge|summt

der **Sumpf**, die Sümp|fe, sump|fig

die **Sün|de**, die Sün|den, sün|dig, sün|di|gen, der Sün|der

su|per, das war super, der Su|per|star

das **Su|per** (*kurz für:* Super-benzin)

der **Su|per|markt**, die Su|per|märk|te

die **Sup|pe**, die Sup|pen

sur|fen, sie surft, er surf|te, hat/ist ge|surft, der Sur|fer, das Surf|brett

sur|ren, es surrt, surr|te, hat ge|surrt

süß, sü|ßen, die Sü|ßig|keit

das **Sym|bol**, die Sym|bo|le

die **Sym|pa|thie**, die Sym|pa|thi|en, sym|pa|thisch

das **Sys|tem**, die Sys|te|me

die **Sze|ne**, die Sze|nen

A B C D E F G H I J K L M N O P Q R S **T** U V W X Y Z

T t

der **Ta|bak**
die **Ta|bel|le**, die Ta|bel|len
das **Ta|blett**, die Ta|bletts
die **Ta|blet|te**, die Ta|blet|ten
der/das **Ta|cho|me|ter**, die Ta|cho-me|ter, *auch:* der Ta|cho
ta|deln, er ta|delt, ta|del|te, hat ge|ta|delt, der Ta|del, ta|del|los
die **Ta|fel**, die Ta|feln
der **Tag**, die Ta|ge, täg|lich
der **Takt**, die Tak|te
das **Tal**, die Tä|ler
das **Ta|lent**, die Ta|len|te
der **Ta|ler**, die Ta|ler
der **Ta|lis|man**, die Ta|lis|ma|ne
der **Tank**, die Tanks
tan|ken, sie tankt, tank|te, hat ge|tankt, die Tank|stel|le
der **Tan|ker**, die Tan|ker
die **Tan|ne** (Nadelbaum), die Tan|nen
die **Tan|te**, die Tan|ten
der **Tanz**, die Tän|ze, der Tän|zer
tan|zen, er tanzt, tanz|te, hat ge|tanzt
die **Ta|pe|te**, die Ta|pe|ten
ta|pe|zie|ren, sie ta|pe|ziert, ta|pe|zier|te, hat ta|pe|ziert
tap|fer, die Tap|fer|keit
tap|pen, im Dunkeln tappen, täp|pisch
tap|sen, tap|sig
sich **tar|nen**, er tarnt sich, tarn|te sich, hat sich ge-tarnt, die Tar|nung, die Tarn|kap|pe
die **Ta|sche**, die Ta|schen
die **Tas|se**, die Tas|sen
die **Tas|te**, die Tas|ten
tas|ten, sie tas|tet, tas|te|te, hat ge|tas|tet
die **Tat**, die Ta|ten, der Tä|ter, die Tä|tig|keit, tä|tig sein
die **Tat|sa|che**, die Tat|sa|chen
tatt(e)|rig
die **Tat|ze**, die Tat|zen
der **Tau** (Niederschlag)
das **Tau** (starkes Seil), die Taue
taub, sich taub stellen
die **Tau|be**, die Tau|ben

tau|chen, er taucht, tauch|te, ist ge|taucht, der Tau|cher

tau|en, es taut, tau|te, hat ge|taut

die **Tau|fe**, die Tau|fen, tau|fen

tau|gen, es taugt, taug|te, hat ge|taugt, taug|lich

tau|meln, sie tau|melt, tau|mel|te, ist ge|tau|melt

tau|schen, du tauschst, er tauscht, tausch|te, hat ge|tauscht, der Tausch

täu|schen, du täuschst, sie täuscht, täusch|te, hat ge|täuscht, die Täu-schung, täu|schend ähnlich

tau|send

das **Ta|xi**, die Ta|xis, *auch:* die Ta|xe, die Ta|xen

das **Team**, die Teams

die **Tech|nik**, die Tech|ni|ken, tech|nisch

der **Tech|ni|ker**, die Tech|ni|ker, die Tech|ni|ke|rin

der **Ted|dy**, die Ted|dys

der **Tee**, die Tees

der **Teer**

der **Teich**, die Tei|che

der **Teig**, die Tei|ge, tei|gig

der/das **Teil**, die Tei|le

tei|len, er teilt, teil|te, hat ge|teilt, die Tei|lung

teil|neh|men, sie nimmt teil, nahm teil, hat teil-ge|nom|men, die Teil-nah|me, der Teil|neh|mer

teil|wei|se

das **Te|le|fon**, die Te|le|fo|ne

te|le|fo|nie|ren, er te|le|fo-niert, te|le|fo|nier|te, hat te|le|fo|niert

das **Te|le|gramm**, die Te|le|gram|me

der **Tel|ler**, die Tel|ler

der **Tem|pel**, die Tem|pel

das **Tem|pe|ra|ment**, die Tem|pe|ra|men|te

die **Tem|pe|ra|tur**, die Tem|pe|ra|tu|ren

das **Tem|po**, die Tem|pos *oder:* die Tem|pi

das **Ten|nis**

der **Tep|pich**, die Tep|pi|che

der **Ter|min**, die Ter|mi|ne

die **Ter|ras|se**, die Ter|ras|sen

A B C D E F G H I J K L M N O P Q R S **T** U V W X Y Z

der **Ter|ror**, der Ter|ro|rist, der Ter|ro|ris|mus

der **Test**, die Tests

das **Tes|ta|ment**, die Tes|ta|men|te

tes|ten, sie tes|tet, tes|te|te, hat ge|tes|tet

teu|er, teu|rer, die teu|re Hose

der **Teu|fel**, die Teu|fel, teuf|lisch

der **Text**, die Tex|te

die **Tex|ti|li|en**

das **The|a|ter**, die The|a|ter

die **The|ke**, die The|ken

das **The|ma**, die The|men

die **The|o|rie**, the|o|re|tisch

das **Ther|mo|me|ter**, die Ther|mo|me|ter

die **Ther|mos|fla|sche**, die Ther|mos|fla|schen

der **Thron**, die Thro|ne

Thü|rin|gen, thü|rin|gisch, der Thü|rin|ger Wald

ti|cken

das **Ti|cket**, die Ti|ckets

tief, die Tie|fe

der **Tie|gel**, die Tie|gel

das **Tier**, die Tie|re, tie|risch

der **Ti|ger**, die Ti|ger

die **Tin|te**, die Tin|ten

der **Tipp**, die Tipps

tip|peln, er tip|pelt, tip|pel|te, ist ge|tip|pelt

tip|pen, sie tippt, tipp|te, hat ge|tippt

der **Tisch**, die Ti|sche

der **Tisch|ler**, die Tisch|ler

der **Ti|tel**, die Ti|tel

der **Toast** (1. Trinkspruch, 2. geröstete Weißbrot-scheibe), die Toas|te *oder:* die Toasts, toas|ten

to|ben, er tobt, tob|te, hat ge|tobt

die **Toch|ter**, die Töch|ter

der **Tod**, töd|lich, tod|krank, tod|un|glück|lich, *aber:* ↗ tot

die **Toi|let|te**, die Toi|let|ten

toll

tol|len

der **Toll|patsch**, die Toll|pat-sche, toll|pat|schig

die **Toll|wut**, toll|wü|tig

die **To|ma|te**, die To|ma|ten

die **Tom|bo|la**, die Tom|bo|las

der **Ton** (Klang), die Tö|ne, das Ton|band

der **Ton** (eine Bodenart), die To|ne, das Ton|ge|fäß

tö|nen, es tönt, tön|te, hat ge|tönt

die **Ton|ne**, die Ton|nen

der **Topf**, die Töp|fe

der **Töp|fer**, die Töp|fer

das **Tor**, die To|re, der Tor|wart

der **Tor** (Narr), die To|ren, tö|richt

der **Torf**, das Torf|moor

tor|keln, sie tor|kelt, tor|kel|te, ist ge|tor|kelt

die **Tor|te**, die Tor|ten

to|sen, es tost, tos|te, hat ge|tost

tot, der To|te, tö|ten, to|ten|still, tot|la|chen, *aber:* ↗ der Tod

to|tal

die **Tour**, die Tou|ren

der **Tou|rist**, die Tou|ris|ten

tra|ben, er trabt, trab|te, ist ge|trabt, der Trab

die **Tracht**, die Trach|ten

träch|tig

der **Tra|fo** (Transformator), die Tra|fos

die **Tra|ge**, die Tra|gen

trä|ge, die Träg|heit

tra|gen, sie trägt, trug, hat ge|tra|gen

die **Tra|gö|die** (Trauerspiel), die Tra|gö|di|en

der **Trai|ner**, die Trai|ner, die Trai|ne|rin

trai|nie|ren, er trai|niert, trai|nier|te, hat trai|niert, das Trai|ning

der **Trak|tor**, die Trak|to|ren

träl|lern, sie träl|lert, träl|ler|te, hat ge|träl|lert

tram|peln, er tram|pelt, tram|pel|te, hat ge|tram|pelt

tram|pen (als Anhalter reisen), sie trampt, tramp|te, ist ge|trampt

die **Trä|ne**, die Trä|nen, die Augen trä|nen

der **Trank**, die Trän|ke

die **Trän|ke**, die Trän|ken, Tiere trän|ken

der **Tran|sis|tor**, die Tran|sis|to|ren

A B C D E F G H I J K L M N O P Q R S **T** U V W X Y Z

das **Trans|pa|rent**, die Trans|pa|ren|te

trans|por|tie|ren, er trans-por|tiert, trans|por|tier|te, hat trans|por|tiert, der Trans|port

das **Tra|pez**, die Tra|pe|ze

trat|schen, du tratschst, sie tratscht, tratsch|te, hat ge|tratscht, der Tratsch

die **Trau|be**, die Trau|ben

sich **trau|en**, er traut sich, trau|te sich, hat sich ge|traut, die Trau|ung

die **Trau|er**, trau|rig

trau|ern, sie trau|ert, trau|er|te, hat ge|trau|ert

die **Trau|fe**, die Trau|fen

träu|feln

der **Traum**, die Träu|me

träu|men, er träumt, träum|te, hat ge|träumt

trau|rig

der **Tre|cker** (Traktor), die Tre|cker

tref|fen, sie trifft, traf, hat ge|trof|fen, das Tref-fen, der Tref|fer

trei|ben, er treibt, trieb, hat ge|trie|ben

tren|nen, sie trennt, trenn|te, hat ge|trennt, die Tren|nung

die **Trep|pe**, die Trep|pen

der **Tre|sor**, die Tre|so|re

tre|ten, du trittst, er tritt, trat, ist ge|tre|ten

treu, die Treue, treu|los

der/die **Tri|an|gel**, die Tri|an|gel

die **Tri|bü|ne**, die Tri|bü|nen

der **Trich|ter**, die Trich|ter

der **Trick**, die Tricks

trick|sen, sie trickst, tricks|te, hat ge|trickst

der **Trieb**, die Trie|be

trie|fen, es trieft, trief|te, hat ge|trieft

trie|zen, er triezt, triez|te, hat ge|triezt

trif|tig

das **Tri|kot**, die Tri|kots

der **Tril|ler**, die Tril|ler, die Tril|ler|pfei|fe

trin|ken, sie trinkt, trank, hat ge|trun|ken, das Ge|tränk

trip|peln, er trip|pelt, trip|pel|te, ist ge|trip|pelt
der **Tritt**, die Trit|te
der **Tri|umph** (großer Sieg), tri|um|phie|ren
tro|cken, die Tro|cken|heit
trock|nen, es trock|net, trock|ne|te, ist ge|trock|net
die **Trod|del**, die Trod|deln
der **Trö|del**, der Trö|del|markt
trö|deln, sie trö|delt, trö|del|te, hat ge|trö|delt
der **Trog**, die Trö|ge
der **Troll** (Kobold), die Trol|le, die Troll|blu|me
sich **trol|len**, er trollt sich, troll|te sich, hat sich ge|trollt
die **Trom|mel**, die Trom|meln, der Tromm|ler
die **Trom|pe|te**, die Trom|pe|ten
die **Tro|pen**, tro|pisch
tröp|feln, es tröp|felt, tröp|fel|te, hat ge|tröp|felt
trop|fen, es tropft, tropf|te, hat ge|tropft
der **Trop|fen**, die Trop|fen
der **Trost**
trös|ten, sie trös|tet, trös|te|te, hat ge|trös|tet
der **Trot|tel**, trot|te|lig
trot|ten, er trot|tet, trot|te|te, ist ge|trot|tet
trotz, trotz der Kälte
der **Trotz**, trot|zig
trotz|dem
trot|zen, sie trotzt der Gefahr, trotz|te, hat ge|trotzt
trüb
der **Tru|bel**
die **Tru|he**, die Tru|hen
die **Trüm|mer**
der **Trumpf**, die Trümp|fe
die **Trup|pe**, die Trup|pen
Tschau!
Tsche|chi|en, der Tsche|che, tsche|chisch
Tschüs!, *auch:* Tschüss!
das **T-Shirt**, die T-Shirts
die **Tu|be**, die Tu|ben
das **Tuch**, die Tü|cher
tüch|tig
die **Tü|cke**, die Tü|cken, tü|ckisch
tüf|teln, er tüf|telt, tüf|tel|te, hat ge|tüf|telt

A B C D E F G H I J K L M N O P Q R S **T** U V W X Y Z

die **Tul|pe**, die Tul|pen

sich **tum|meln**, sie tum|melt sich, tum|mel|te sich, hat sich ge|tum|melt

der **Tüm|pel**, die Tüm|pel

der **Tu|mult**, die Tu|mul|te

tun, ich tue, du tust, sie tut, wir tun, ich tat, ihr ta|tet, sie ta|ten, haben ge|tan

der **Tun|fisch**, die Tun|fi|sche, *auch:* der Thun|fisch

tun|ken, du tunkst, er tunkt, tunk|te, hat ge|tunkt

der **Tun|nel**, die Tun|nel *oder:* die Tun|nels

tup|fen, sie tupft, tupf|te, hat ge|tupft

der **Tup|fen**, die Tup|fen

der **Tup|fer**, die Tup|fer

die **Tür**, die Tü|ren

die **Tur|bi|ne**, die Tur|bi|nen

die **Tür|kei**, der Tür|ke, tür|kisch

tür|kis

der **Turm**, die Tür|me

tür|men, er türmt, türm|te, ist ge|türmt

tur|nen, sie turnt, turn|te, hat ge|turnt, der Tur|ner

tu|scheln, sie tu|schelt, tu|schel|te, hat ge|tu|schelt

tu|schen, du tuschst, er tuscht, tusch|te, hat ge|tuscht, die Tu|sche, der Tusch|kas|ten

die **Tü|te**, die Tü|ten

tu|ten, es tu|tet, tu|te|te, hat ge|tu|tet

der **Typ**, die Ty|pen, ty|pisch

U u

die **U-Bahn**, die U-Bah|nen
übel, übelnehmen
das **Übel**, die Übel|keit, der Übel|tä|ter
üben, er übt, üb|te, hat ge|übt
über

über-: Es gibt viele Wörter mit über-.
Suche auch bei dem Wort, das den zweiten Wortteil bildet (z. B. der Übergang, übermorgen).

über|all
über|ein|an|der
der **Über|fluss**, über|flüs|sig
über|haupt
über|le|gen, sie über|legt, über|leg|te, hat über|legt
über|mit|teln, er über-mit|telt, über|mit|tel|te, hat über|mit|telt
der **Über|mut**, über|mü|tig
über|nach|ten, die Über|nach|tung
über|que|ren, sie über-quert, über|quer|te, hat über|quert
über|ra|schen, du über-raschst, er über|rascht, über|rasch|te, er hat mich über|rascht, ich bin über|rascht
die **Über|ra|schung**, die Über|ra|schun|gen
über|schwem|men, die Über|schwem|mung
die **Über|sicht**, über|sicht|lich
über|wei|sen, sie über-weist, über|wies, hat über-wie|sen, die Über|wei|sung
über|zeu|gen, er über-zeugt, über|zeug|te, hat über|zeugt, die Über|zeu|gung
üb|lich
das **U-Boot** (Unterseeboot), die U-Boo|te
üb|rig
üb|ri|gens
die **Übung**, die Übun|gen
das **Ufer**, die Ufer
die **Uhr**, die Uh|ren, die Uhr-zeit, *aber:* ↗ die Urzeit

A B C D E F G H I J K L M N O P Q R S T **U** V W X Y Z

A B C D E F G H I J K L M N O P Q R S T U V W X Y Z

der **Uhu**, die Uhus
UKW (Ultrakurzwelle)
der **Ulk**, ul|kig
die **Ul|me** (Laubbaum), die Ul|men
um

um-: Es gibt viele Wörter mit um-. Suche auch bei dem Wort, das den zweiten Wortteil bildet (z. B. der Umbau, umfallen).

um|ar|men, sie um|armt, um|arm|te, hat um|armt
um|fan|gen, er um|fängt, um|fing, hat um|fan|gen, der Um|fang
um|her, um|her|lau|fen
der **Um|laut**, die Um|lau|te
der **Um|riss**, die Um|ris|se
ums (um das), ums Haus
der **Um|schlag**, die Um|schlä|ge
um|so, umso besser
um|sonst
um|sor|gen
der **Um|stand**, die Um|stän|de, um|ständ|lich
der **Um|weg**, die Um|we|ge
die **Um|welt**, die Um|welt|ver-schmut|zung

un-: Es gibt viele Wörter mit un-. Suche auch bei dem Wort, das den zweiten Wortteil bildet (z. B. unehrlich, unklar).

un|an|ge|nehm
un|auf|hör|lich
un|aus|steh|lich
un|be|dingt
und
un|end|lich
un|ent|schie|den
un|ent|wegt
un|fair
der **Un|fall**, die Un|fäl|le
der **Un|fug**
Un|garn, un|ga|risch
un|ge|fähr
das **Un|ge|heu|er**, die Un|ge|heu|er, un|ge|heu|er|lich
un|ge|stüm
das **Un|ge|tüm**, die Un|ge|tü|me
das **Un|ge|zie|fer**
un|ge|zo|gen
das **Un|glück**, un|glück|lich
die **Uni|form**, die Uni|for|men

die **Uni|ver|si|tät**, die Uni|ver|si|tä|ten

die **Un|ke** (Froschlurch), die Un|ken

das **Un|kraut**

das **Un|recht**

uns, un|ser, un|se|re

die **Un|schuld**, un|schul|dig

der **Un|sinn**, un|sin|nig

un|ten

un|ter, unter dem Baum

un|ter-: Es gibt viele Wörter mit unter-. Suche auch bei dem Wort, das den zweiten Wortteil bildet (z.B. der Unterarm, unterhalten).

un|ter|ei|nan|der, untereinander schreiben

die **Un|ter|kunft**, die Un|ter|künf|te

un|term (unter dem), unterm Dach

der **Un|ter|richt**, un|ter|rich|ten

un|ters (unter das), unters Bett

un|ter|schei|den, sie un|ter|schei|det, un|ter|schied, hat un|ter|schie|den

der **Un|ter|schied**, die Un|ter|schie|de, un|ter|schied|lich

un|ter|wegs

un|ver|schämt

un|ver|se|hens

un|ver|ständ|lich

das **Un|wet|ter**, die Un|wet|ter

un|zäh|lig

üp|pig

ur|alt

die **Ur|groß|el|tern**, die Ur|groß|mut|ter, der Ur|groß|va|ter

der **Urin**

die **Ur|kun|de**, die Ur|kun|den

der **Ur|laub**

die **Ur|sa|che**, die Ur|sa|chen

der **Ur|sprung**, ur|sprüng|lich

das **Ur|teil**, die Ur|tei|le

ur|tei|len, er ur|teilt, ur|teil|te, hat ge|ur|teilt

der **Ur|wald**, die Ur|wäl|der

die **Ur|zeit**, *aber:* ↗ die Uhrzeit

die **USA** (Vereinigte Staaten von Amerika)

A B C D E F G H I J K L M N O P Q R S T **U** V W X Y Z

A B C D E F G H I J K L M N O P Q R S T U **V** W X Y Z

V v

die **Va|nil|le** (Gewürz)
die **Va|se**, die Va|sen
der **Va|ter**, die Vä|ter, vä|ter|lich
das **Veil|chen**, die Veil|chen
das **Ven|til**, die Ven|ti|le
der **Ven|ti|la|tor**, die Ven|ti|la|to|ren

> **ver-**: Es gibt viele Wörter mit ver-. Suche auch bei dem Wort, das den zweiten Wortteil bildet (z.B. verrechnen, Vertrieb).

sich **ver|ab|re|den**, sie ver|ab|re|det sich, ver|ab|re|de|te sich, hat sich ver|ab|re|det, die Ver|ab|re|dung
die **Ve|ran|da**, die Ve|ran|den
die **Ver|an|stal|tung**, die Ver|an|stal|tun|gen, ver|an|stal|ten
die **Ver|ant|wor|tung**, ver|ant|wor|ten
das **Verb** (Tätigkeitswort), die Ver|ben
der **Ver|band**, die Ver|bän|de
ver|bes|sern, er ver|bes|sert, ver|bes|ser|te, hat ver|bes|sert
ver|bie|ten, sie ver|bie|tet, ver|bot, hat ver|bo|ten, das Ver|bot
ver|bin|den, die Ver|bin|dung
ver|blüf|fen, er ver|blüfft uns, ver|blüff|te, hat ver|blüfft
das **Ver|bot**, die Ver|bo|te
das **Ver|bre|chen**, die Ver|bre|chen, der Ver|bre|cher
sich **ver|bün|den**, der Ver|bün|de|te
der **Ver|dacht**, ver|däch|tig
ver|däch|ti|gen, sie ver|däch|tigt, ver|däch|tig|te, hat ver|däch|tigt
ver|dau|en, er ver|daut, ver|dau|te, hat ver|daut, die Ver|dau|ung
ver|der|ben, es ver|dirbt, ver|darb, die Milch ist ver|dor|ben, ver|derb|lich
ver|die|nen, der Ver|dienst
ver|drieß|lich, der Ver|druss

ver|duns|ten, es ver|duns|tet, ver|duns|te|te, ist ver|duns|tet, die Ver|duns|tung

ver|dutzt

ver|eh|ren, die Ver|eh|rung

der **Ver|ein**, die Ver|ei|ne

die **Ver|fas|sung**, die Ver|fas|sun|gen

ver|flixt

ver|fol|gen, sie ver|folgt, ver|folg|te, hat ver|folgt, die Ver|fol|gung

die **Ver|gan|gen|heit**

ver|geb|lich, ver|ge|bens

ver|ges|sen, er ver|gisst, ver|gaß, hat ver|ges|sen; Ver|giss es!

ver|gess|lich, die Ver|gess|lich|keit

ver|geu|den, sie ver|geu|det, ver|geu|de|te, hat ver|geu|det

das **Ver|giss|mein|nicht**

ver|glei|chen, er ver|gleicht, ver|glich, hat ver|gli|chen, der Ver|gleich

das **Ver|gnü|gen**, ver|gnüg|lich, sich ver|gnü|gen

ver|haf|ten, die Ver|haf|tung

ver|hin|dern

ver|kau|fen, der Ver|kauf, der Ver|käu|fer, die Ver|käu|fe|rin

der **Ver|kehr**

ver|kehrt

sich **ver|klei|den**, sie ver|klei|det sich, ver|klei|de|te sich, hat sich ver|klei|det

ver|knack|sen (verstauchen)

ver|lan|gen, er ver|langt, ver|lang|te, hat ver|langt, das Ver|lan|gen

sich **ver|let|zen**, sie ver|letzt sich, ver|letz|te sich, hat sich ver|letzt, die Ver|let|zung

ver|liebt

ver|lie|ren, er ver|liert, ver|lor, hat ver|lo|ren, der Ver|lust

ver|lo|sen, sie ver|lost, ver|los|te, hat ver|lost, die Ver|lo|sung

ver|mas|seln, er ver|mas|selt es, ver|mas|sel|te, hat ver|mas|selt

ver|mis|sen, sie ver|misst, ver|miss|te, hat ver|misst

das **Ver|mö|gen**, die Ver|mö|gen

sich **ver|mum|men**, die Ver|mum|mung

ver|mu|ten, er ver|mu|tet, ver|mu|te|te, hat ver|mu|tet, die Ver|mu|tung

ver|nich|ten, sie ver|nich-tet, ver|nich|te|te, hat ver-nich|tet, die Ver|nich|tung

die **Ver|nunft**, ver|nünf|tig

ver|pönt

der **Ver|rat**, der Ver|rä|ter, ver|rä|te|risch

ver|ra|ten, er ver|rät, ver|riet, hat ver|ra|ten

ver|rei|sen, sie ver|reist, ver|reis|te, ist ver|reist

sich **ver|ren|ken**, er ver|renkt sich, ver|renk|te sich, hat sich ver|renkt, die Ver|ren|kung

ver|rie|geln, ich ver-rieg(e)|le, sie ver|rie|gelt, ver|rie|gel|te, hat ver|rie|gelt

ver|rin|gern, er ver|rin|gert, ver|rin|ger|te, hat ver|rin|gert

ver|rot|ten, es ver|rot|tet, ver|rot|te|te, ist ver|rot|tet

ver|rückt

der **Vers**, die Ver|se

die **Ver|samm|lung**, die Ver|samm|lun|gen

ver|säu|men, sie ver|säumt, ver|säum|te, hat ver|säumt, das Ver|säum|nis

ver|schie|den

sich **ver|schlech|tern**, die Ver|schlech|te|rung

ver|schmitzt

ver|schro|ben

ver|schrum|peln, es ver|schrum|pelt, ver|schrum|pel|te, ist ver|schrum|pelt

ver|schwen|den, die Ver|schwen|dung, ver|schwen|de|risch

ver|schwin|den, er ver-schwin|det, ver|schwand, ist ver|schwun|den

das **Ver|se|hen**, aus Ver|se|hen

ver|si|chern, sie ver|si-chert, ver|si|cher|te, hat ver|si|chert, die Ver|si|che|rung sich **ver|söh|nen**, die Ver|söh|nung

sich **ver|spä|ten**, er ver|spä|tet sich, ver|spä|te|te sich, hat sich ver|spä|tet, die Ver|spä|tung

ver|spre|chen, sie ver|spricht, ver|sprach, hat ver|spro|chen, das Ver|spre|chen

sich **ver|spre|chen**, der Ver|spre|cher

der **Ver|stand**

ver|stän|di|gen, er ver|stän|digt, ver|stän|dig|te, hat ver|stän|digt

ver|ständ|lich

das **Ver|ständ|nis**, ver|ständ|nis|los

ver|stau|chen, er ver|staucht, ver|stauch|te, hat ver|staucht, die Ver|stau|chung

(sich) **ver|ste|cken**, sie ver|steckt (sich), ver|steck|te (sich), hat (sich) ver|steckt

ver|ste|hen, sie ver|steht, ver|stand, hat ver|stan|den

ver|su|chen, der Ver|such

ver|tei|di|gen, er ver|tei|digt, ver|tei|dig|te, hat ver|tei|digt, die Ver|tei|di|gung

ver|til|gen, sie ver|tilgt, ver|tilg|te, hat ver|tilgt

der **Ver|trag**, die Ver|trä|ge

ver|trau|en, das Ver|trau|en, ver|trau|lich

ver|un|glü|cken, sie ver|un|glückt, ver|un|glück|te, ist ver|un|glückt

ver|wal|ten, er ver|wal|tet, ver|wal|te|te, hat ver|wal|tet, die Ver|wal|tung

ver|wandt, die Ver|wand|te, die Ver|wandt|schaft

ver|wech|seln, sie ver|wech|selt, ver|wech|sel|te, hat ver|wech|selt, die Ver|wechs|lung

ver|wel|ken, die Blume ver|welkt, ver|welk|te, ist ver|welkt

ver|wen|den, er ver|wen|det, ver|wen|de|te/ver|wand|te, hat ver|wen|det/ hat ver|wandt, die Ver|wen|dung

ver|wöh|nen, sie verwöhnt, ver|wöhn|te, hat ver|wöhnt

ver|wun|den, der Ver|wun|de|te

ver|wun|dert, die Ver|wun|de|rung

das **Ver|zeich|nis**, die Ver|zeich|nis|se

ver|zei|hen, er ver|zeiht, ver|zieh, hat ver|zie|hen, die Ver|zei|hung

ver|zich|ten, sie ver|zich-tet, ver|zich|te|te, hat ver-zich|tet, der Ver|zicht

die **Ves|per**, die Ves|pern

der **Vet|ter**, die Vet|tern

das **Vi|deo**, die Vi|de|o|kas|set|te, der Vi|de|o|re|kor|der

das **Vieh**

viel, vie|le, *aber:* sie fiel ↗ fallen

viel|leicht

viel|mals

vier, vier|zehn, vier|zig, auf allen vie|ren, ein Vier|tel vom Kuchen, vier|tel zehn

das **Vier|eck**, die Vier|ecke, vier|eckig

vier|mal, viermal laufen, *aber:* vier mal fünf

die **Vil|la**, die Vil|len

vi|o|lett

die **Vi|o|li|ne** (Geige), die Vi|o|li|nen

das **Vi|ta|min**, die Vi|ta|mi|ne

der **Vo|gel**, die Vö|gel

der **Vo|kal** (Selbstlaut), die Vo|ka|le

das **Volk**, die Völ|ker

voll, ein Zimmer vol|ler Leute

völ|lig

voll|stän|dig

vom (von dem), vom Wasser

von, von der Seite

vor, vor dem Haus

vor-: Es gibt viele Wörter mit vor-. Suche auch bei dem Wort, das den zweiten Wortteil bildet (z. B. vorerst, Vortag).

vo|ran, vo|ran|ge|hen

vo|raus, vo|raus|sicht|lich

vor|bei, er kommt vorbei

vor|de|re, der Vor|der-grund, das Vor|der|rad

die **Vor|fahrt**
der **Vor|hang**, die Vor|hän|ge
vor|her
vo|rig, im vo|ri|gen Jahr
vor|läu|fig
vor|laut
vorm (vor dem), vorm Haus
der **Vor|mit|tag**, am Vor|mit-tag, gestern Vor|mit|tag, vor|mit|tags
vorn, sie geht vorn
vor|nehm
der **Vor|rat**, die Vor|rä|te, vor|rä|tig
der **Vor|schlag**, die Vor|schlä|ge
die **Vor|sicht**, vor|sich|tig
der **Vor|teil**, die Vor|tei|le
der **Vor|trag**, die Vor|trä|ge
vo|rü|ber
das **Vor|ur|teil**, die Vor|ur|tei|le
vor|wärts
der **Vul|kan**, die Vul|ka|ne

W w

die **Waa|ge**, die Waa|gen, waa|ge|recht
wabb(e)|lig
die **Wa|be**, die Wa|ben
wach
wa|chen, er wacht, wach|te, hat ge|wacht, die Wa|che
das **Wachs**
wach|sam
wach|sen, sie wächst, wuchs, ist ge|wach|sen, das Wachs|tum
die **Wach|tel** (Vogel), die Wach|teln
der **Wäch|ter**, die Wäch|ter
wa|ckeln, es wa|ckelt, wa|ckel|te, hat ge|wa|ckelt, wack(e)|lig
die **Wa|de**, die Wa|den
die **Waf|fe**, die Waf|fen
die **Waf|fel**, die Waf|feln
wa|gen, er wagt, wag|te, hat ge|wagt, das Wag|nis
der **Wa|gen**, die Wa|gen

der **Wag|gon**, die Wag|gons, *auch:* der Wa|gon
die **Wahl**, die Wah|len, die Wäh|ler
wäh|len, sie wählt, wähl|te, hat ge|wählt, wäh|le|risch
der **Wahn|sinn**, wahn|sin|nig
wahr, die Wahr|heit, *aber:* er war ↗ sein
wäh|rend
wahr|schein|lich
das **Wahr|zei|chen**, die Wahr|zei|chen
die **Wai|se** (Kind ohne Eltern), die Wai|sen, *aber:* die Art und Weise
der **Wal**, die Wa|le
der **Wald**, die Wäl|der
der **Wall**, die Wäl|le
die **Wal|nuss**, die Wal|nüs|se
die **Wal|ze**, die Wal|zen, wal|zen
wäl|zen, sie wälzt, wälz|te, hat ge|wälzt
der **Wal|zer**, die Wal|zer
die **Wand**, die Wän|de
wan|deln, die Wand|lung
wan|dern, er wan|dert, wan|der|te, ist ge|wan|dert, der Wan|de|rer, die Wan|de|rung
die **Wan|ge**, die Wan|gen
wan|ken, du wankst, sie wankt, wank|te, ist ge|wankt, das Haus hat ge|wankt
wann
die **Wan|ne**, die Wan|nen
das **Wap|pen**, die Wap|pen
er **war** ↗ sein, *aber:* es ist wahr
die **Wa|re**, die Wa|ren
warm, die Wär|me
war|nen, er warnt, warn|te, hat ge|warnt, die War|nung
war|ten, sie war|tet, war|te|te, hat ge|war|tet
der **Wär|ter**, die Wär|ter
wa|rum
die **War|ze**, die War|zen
was
die **Wä|sche**, die Wä|sche|rei
wa|schen, du wäschst, er wäscht, wusch, hat ge|wa|schen

das **Was|ser**, die Was|ser, wäs|sern, wäss|rig
wa|ten
wat|scheln, sie wat|schelt, wat|schel|te, ist ge|wat|schelt
das **Watt**, das Wat|ten|meer
das **Watt** (*kurz:* W), die Glüh- lampe hat 60 Watt (60 W)
die **Wat|te**
we|ben, die We|be|rei
der **Wech|sel**, die Wech|sel
wech|seln, er wech|selt, wech|sel|te, hat ge|wech|selt
we|cken, du weckst, sie weckt, weck|te, hat ge|weckt, der We|cker
we|deln, er we|delt, we|del|te, hat ge|we|delt
we|der
weg, es ist weg, *aber:* ↗ der Weg
der **Weg**, die We|ge

> **weg-**: Es gibt viele Wörter mit weg-. Suche auch bei dem Wort, das den zwei- ten Wortteil bildet (z. B. Weggang, weggeben).

we|gen
weh, es tut weh, weh|tun
die **We|he**, die We|hen
we|hen, es weht, weh|te, hat ge|weht
sich **weh|ren**, sie wehrt sich, wehr|te sich, hat sich ge|wehrt, wehr|los
das **Weib**, die Wei|ber, weib|lich, das Weib|chen
weich
die **Wei|che**, die Wei|chen
wei|chen, er weicht, wich, ist ge|wi|chen
die **Wei|de**, die Wei|den
wei|den, es wei|det, wei|de|te, hat ge|wei|det
sich **wei|gern**, sie wei|gert sich, wei|ger|te sich, hat sich ge|wei|gert
die **Wei|he**, die Wei|hen, wei|hen, ge|weiht, ein|wei|hen
Weih|nach|ten, *auch:* die Weih|nacht, der Weih|nachts|baum
weil
die **Wei|le**, ein Weil|chen
der **Wein**, die Wei|ne

wei|nen, wei|ner|lich
wei|se (klug), der Wei|se, die Weis|heit
die **Wei|se** (Melodie), die Wei|sen
die **Wei|se**, die Art und Weise, *aber:* ↗ Waise
wei|sen, er weist, wies, hat ge|wie|sen
weiß, weiß gekleidet, das Wei|ße
ich **weiß** ↗ wissen
weit, die Wei|te, weit und breit
der **Wei|zen** (Getreide)
welch, wel|che, wel|cher
wel|ken, die Blume welkt, ist welk, ver|wel|ken
die **Wel|le**, die Wel|len, wel|lig
der **Wel|pe**, die Wel|pen
die **Welt**, das Welt|all
wem; Wem gehört das?
wen; Wen triffst du?
(sich) **wen|den**, sie wen|det, wen|dete/wand|te, hat ge|wen|det/ge|wandt, die Wen|de, wen|dig, die Wen|dung
we|nig, we|nigs|tens
wenn, wenn es regnet
wer; Wer kommt?
wer|ben, er wirbt, warb, hat ge|wor|ben, die Wer|bung
wer|den, du wirst, es wird, ihr wer|det, sie wer|den, es wur|de, ge|wor|den
wer|fen, sie wirft, warf, hat ge|wor|fen; Wirf!
die **Werft**, die Werf|ten
das **Werk**, die Wer|ke, die Werk|statt, das Werk-zeug, wer|keln
wert, wert|los, es ist viel wert
der **Wert**, die Wer|te
das **We|sen**, die We|sen, we|sent|lich
wes|halb
die **Wes|pe**, die Wes|pen
wes|sen
die **Wes|te**, die Wes|ten
der **Wes|ten**, west|lich
wes|we|gen
wet|ten, er wet|tet, wet|te|te, hat ge|wet|tet, die Wet|te, der Wett|kampf

das **Wet|ter**
wet|zen, sie wetzt, wetz|te, hat ge|wetzt
der **Wicht**, die Wich|te, die Wich|tel|männ|chen
wich|tig
die **Wi|cke** (Pflanze), die Wi|cken
wi|ckeln, er wi|ckelt, wi|ckel|te, hat ge|wi|ckelt, der Wi|ckel, der Wick|ler
der **Wid|der**, die Wid|der
wi|der (gegen), wider Erwarten, *aber:* ↗ wieder

wi|der-: Es gibt viele Wörter mit wider-. Es bedeutet „gegen". Suche auch bei dem Wort, das den zweiten Wortteil bildet (z. B. widerlegen, der Wider-haken).

wi|der|bors|tig
der **Wi|der|hall** (Echo), wi|der|hal|len
wi|der|lich (unangenehm)
der **Wi|der|sa|cher** (Gegner), die Wi|der|sa|cher
wi|der|spens|tig
wi|der|spie|geln, es spie|gelt wi|der, spie|gel|te wi|der, hat wi|der|ge|spie|gelt
wi|der|spre|chen, der Wi|der|spruch, wi|der-sprüch|lich
der **Wi|der|stand**, die Wi|der|stän|de
der **Wi|der|wil|le**, wi|der|wil|lig
wid|men, sie wid|met, wid|me|te, hat ge|wid|met, die Wid|mung
wid|rig, wid|ri|ge Umstände
wie
wie|der, wir kommen wieder

wie|der-: Es gibt viele Wörter mit wieder-. Es bedeutet „nochmals" oder „zurück". Suche auch bei dem Wort, das den zweiten Wortteil bildet (z. B. wiederbringen, die Wiedergabe), *aber:* ↗ wider

wie|der|ho|len, die Wie|der|ho|lung

A B C D E F G H I J K L M N O P Q R S T U V **W** X Y Z

A B C D E F G H I J K L M N O P Q R S T U V W X Y Z

der **Wie|der|käu|er**, die Wie|der|käu|er

das **Wie|der|se|hen**, auf Wie|der|se|hen

die **Wie|ge**, die Wie|gen

wie|gen (schaukeln), er wiegt, wieg|te, hat ge|wiegt

(sich) **wie|gen** (das Gewicht feststellen), du wiegst, sie wiegt, wog, hat ge|wo|gen

wie|hern, es wie|hert, wie|her|te, hat ge|wie|hert

die **Wie|se**, die Wie|sen

das **Wie|sel** (kleines Raubtier), die Wie|sel

wie|so

wie viel, wie vie|le Personen

wild, wildlebende Tiere

das **Wild**, die Wild|nis, das Wild|schwein

er **will** ↗ wollen

der **Wil|le**, wil|lig

will|kom|men, ich heiße ihn will|kom|men

wim|meln, das Ge|wim|mel

wim|mern, es wim|mert, wim|mer|te, hat ge|wim|mert

der **Wim|pel**, die Wim|pel

die **Wim|per**, die Wim|pern

der **Wind**, die Win|de, win|dig

die **Win|del**, die Win|deln

win|den, er win|det, wand, hat ge|wun|den, die Win|de, die Win|dung

der **Win|kel**, die Win|kel, wink|lig

win|ken, sie winkt, wink|te, hat ge|winkt, einen Wink geben

win|seln, er win|selt, win|sel|te, hat ge|win|selt

der **Win|ter**, die Win|ter, win|ter|lich

der **Win|zer**, die Win|zer

win|zig

der **Wip|fel**, die Wip|fel

die **Wip|pe**, die Wip|pen

wip|pen, sie wippt, wipp|te, hat ge|wippt

wir

der **Wir|bel**, die Wir|bel

wir|beln, es wir|belt, wir|bel|te, hat ge|wir|belt

wir|ken, es wirkt, wirk|te, hat ge|wirkt

wirk|lich, die Wirk|lich|keit

wirr, der Wirr|warr

der **Wir|sing** (Gemüse), der Wir|sing|kohl

der **Wirt**, die Wir|te, die Wir|tin, die Wirt|schaft, wirt|schaf|ten

wi|schen, du wischst, er wischt, wisch|te, hat ge|wischt, der Wi|scher

wis|pern (flüstern), sie wis|pert, wis|per|te, hat ge|wis|pert

wis|sen, du weißt, er weiß, ihr wisst, er wuss|te, hat ge|wusst, das Wis|sen

wit|tern, sie wit|tert, wit|ter|te, hat ge|wit|tert

die **Wit|te|rung**

die **Wit|we**, die Wit|wen, der Wit|wer

der **Witz**, die Wit|ze, wit|zig

wo

die **Wo|che**, die Wo|chen, wö|chent|lich

wo|für

wo|her, wo|hin

wohl, er fühlt sich wohl, sich wohl fühlen; Leben Sie wohl!

das **Wohl**; Zum Wohl!

wohl|be|hal|ten

woh|lig

woh|nen, er wohnt, wohn|te, hat ge|wohnt

die **Woh|nung**, die Woh-nun|gen, wohn|lich

sich **wöl|ben**, die Wöl|bung

der **Wolf**, die Wöl|fe

die **Wol|ke**, die Wol|ken, wol|kig

die **Wol|le**

wol|len, sie will, woll|te, hat ge|wollt

die **Won|ne**, won|nig

wo|ran, wo|rauf, wo|raus

das **Wort**, die Wor|te *oder:* die Wör|ter, die Wörter schreiben, Wort für Wort lesen, mit wenigen Worten sagen, sein Wort geben

das **Wör|ter|buch**, die Wör|ter|bü|cher

wört|lich, wört|li|che Rede

wo|rum, wo|rü|ber, wo|von

das **Wrack**, die Wracks

wrin|gen, er wringt, wrang, hat ge|wrun|gen

wu|chern, es wu|chert, wu|cher|te, hat ge|wu|chert

die **Wucht**, wuch|ten, wuch|tig

wüh|len, sie wühlt, wühl|te, hat ge|wühlt, die Wühl|maus

wund, wun|de Füße

die **Wun|de**, die Wun|den

das **Wun|der**, die Wun|der, wun|der|bar

sich **wun|dern**, er wun|dert sich, wun|der|te sich, hat sich ge|wun|dert

der **Wunsch**, die Wün|sche

wün|schen, du wünschst, sie wünscht, wünsch|te, hat ge|wünscht

die **Wür|de**, wür|dig

der **Wurf**, die Wür|fe

der **Wür|fel**, die Wür|fel

wür|feln, er wür|felt, wür|fel|te, hat ge|wür|felt

wür|gen, sie würgt, würg|te, hat ge|würgt

der **Wurm**, die Wür|mer

die **Wurst**, die Würs|te

die **Wur|zel**, die Wur|zeln

wür|zen, er würzt, würz|te, hat ge|würzt, die Wür|ze, wür|zig

wusch(e)|lig

wu|seln, sie wu|selt, wu|sel|te, hat ge|wu|selt

wüst

die **Wüs|te**, die Wüs|ten

die **Wut**, wü|ten, wü|tend

X x

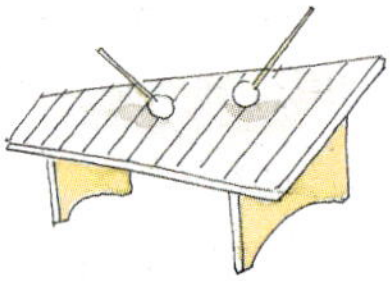

die **X-Bei|ne**, x-bei|nig

x-be|lie|big

x-mal (unzählige Male)

das **Xy|lo|phon**, die Xy|lo|pho|ne, *auch:* das Xy|lo|fon

Y y

die **Yacht**, die Yach|ten, *auch:* die Jacht

der **Yeti** (Schneemensch)

der/das **Yo|ga**

Z z

die **Za|cke** *oder:* der Za|cken, die Za|cken, za|ckig

zag|haft

zäh, zäh|flüs|sig

die **Zahl**, die Zah|len

zah|len, er zahlt, zahl|te, hat ge|zahlt, die Zah|lung

zäh|len, sie zählt, zähl|te, hat ge|zählt, der Zäh|ler, die Zäh|lung

zahm

zäh|men, er zähmt, zähm|te, hat ge|zähmt

der **Zahn**, die Zäh|ne, die Zahn|bürs|te

der **Zan|der** (Fisch), die Zan|der

die **Zan|ge**, die Zan|gen

der **Zank**

zan|ken, sie zankt, zank|te, hat ge|zankt, zän|kisch

der **Zap|fen**, die Zap|fen, das Zäpf|chen

zap|peln, er zap|pelt, zap|pel|te, hat ge|zap|pelt, zapp(e)|lig

zart, zärt|lich

zau|bern, sie zau|bert, zau|ber|te, hat ge|zau|bert, der Zau|ber, der Zau|be|rer

zau|dern, er zau|dert, zau|der|te, hat ge|zau|dert

der **Zaun**, die Zäu|ne

das **Ze|bra**, die Ze|bras

die **Ze|che** (1. Rechnung, 2. Bergwerk), die Ze|chen

die **Ze|cke**, die Ze|cken

die **Ze|he**, die Ze|hen

zehn, zehn|fach, die zehn|te Reihe, ein Zehn|tel, der Zeh|ner

zehn|mal, zehnmal springen, *aber:* zehn mal acht

das **Zei|chen**, die Zei|chen

zeich|nen, sie zeich|net, zeich|ne|te, hat ge|zeich|net, die Zeich|nung

zei|gen, der Zei|ger

die **Zei|le**, die Zei|len

die **Zeit**, die Zei|ten, zei|tig, eine Zeit lang, zeit|wei|se, in Zeit|lu|pe

die **Zeit|schrift**, die Zeit|schrif|ten

A B C D E F G H I J K L M N O P Q R S T U V W X Y **Z**

die **Zeitung**, die Zeitungen
die **Zelle**, die Zellen
das **Zelt**, die Zelte
zelten, er zeltet, zeltete, hat gezeltet
der **Zement**, zementieren
die **Zensur**, die Zensuren, zensieren
der **Zentimeter** (*kurz:* cm), neun Zentimeter (9 cm)
der **Zentner** (1 Zentner = 50 kg), drei Zentner (3 Ztr.)
zentral, die Zentrale
das **Zentrum**, die Zentren
der **Zeppelin**, die Zeppeline

> **zer-**: Es gibt viele Wörter mit zer-. Suche auch bei dem Wort, das den zweiten Wortteil bildet (z. B. zerbrechen, zerdrücken).

zerfetzen, sie zerfetzt, zerfetzte, hat zerfetzt
zerfurcht
zerknirscht
zerlumpt
zerren, er zerrt, zerrte, hat gezerrt, die Zerrung
zerstören, sie zerstört, zerstörte, hat zerstört, die Zerstörung
zetern, er zetert, zeterte, hat gezetert
der **Zettel**, die Zettel
das **Zeug**
der **Zeuge**, die Zeugen
das **Zeugnis**, die Zeugnisse
die **Zicke** (Ziege), die Zicken, zickig
der **Zickzack**, im Zickzack laufen, *aber:* zickzack laufen
die **Ziege**, die Ziegen
der **Ziegel**, die Ziegel
ziehen, sie zieht, zog, hat gezogen, die Ziehung
das **Ziel**, die Ziele
zielen, er zielt, zielte, hat gezielt
ziemlich
ziepen, es ziept, ziepte, hat geziept
die **Zier**, die Zierde, sich zieren
zierlich
die **Ziffer**, die Ziffern

die **Zi|ga|ret|te**, die Zi|ga|ret|ten
die **Zi|gar|re**, die Zi|gar|ren
das **Zim|mer**, die Zim|mer
zim|mern, der Zim|mer|mann
zim|per|lich
der **Zimt**
das **Zink** (Metall), die Zink|wan|ne
der **Zin|ken**, die Zin|ken
das **Zinn** (Metall), der Zinn|sol|dat
die **Zin|sen**
der **Zip|fel**, die Zip|fel, zipf(e)|lig
zir|ka (ungefähr), *auch:* cir|ca (*kurz:* ca.)
der **Zir|kel**, die Zir|kel
der **Zir|kus**, die Zir|kus|se
zir|pen, es zirpt, zirp|te, hat ge|zirpt
zi|schen, du zischst, es zischt, zisch|te, hat ge|zischt
die **Zi|tro|ne**, die Zi|tro|nen
zit|tern, sie zit|tert, zit|ter|te, hat ge|zit|tert, zitt|rig
der **Zi|vi** (der Zivildienst-leistende), die Zi|vis
zö|gern
der **Zoll**, die Zöl|le
die **Zo|ne**, die Zo|nen
der **Zoo** (*kurz für:* Zoologischer Garten), die Zoos
der **Zopf**, die Zöp|fe
der **Zorn**, zor|nig
die **Zot|tel**, die Zot|teln, der Zot|tel|bär, zott(e)|lig
zot|teln (langsam gehen), die Zot|te|lei
zu, zum (zu dem) Haus, zur (zu der) Tür

> **zu-**: Es gibt viele Wörter mit zu-. Suche auch bei dem Wort, das den zweiten Wortteil bildet (z. B. zuhören, der Zufall).

das **Zu|be|hör**, die Zu|be|hö|re
züch|ten, er züch|tet, züch|te|te, hat ge|züch|tet, die Zucht, die Züch|tung
zu|cken, sie zuckt, zuck|te, hat ge|zuckt, die Zu|ckung
zü|cken, er zückt, zück|te, hat ge|zückt
der **Zu|cker**, zu|ckern

A B C D E F G H I J K L M N O P Q R S T U V W X Y **Z**

zu|ei|nan|der

zu|erst

zu|frie|den

der **Zug**, die Zü|ge

der **Zü|gel**, die Zü|gel, zü|geln

zu|gig, die Zug|luft

zü|gig (rasch)

zu|gleich

zu Hau|se/zu|hau|se

die **Zu|kunft**, zu|künf|tig

zu|letzt

zu|nächst

zün|den, sie zün|det, zün|de|te, hat ge|zün|det, die Zün|dung, das Zünd|holz

zu|neh|men, es nimmt zu, nahm zu, hat zu|ge|nom|men, die Zu|nah|me

die **Zun|ge**, die Zun|gen

zup|fen, er zupft, zupf|te, hat ge|zupft, das Zupf|in|stru|ment

sich **zu|recht|fin|den**, sie fin|det sich zu|recht, fand sich zu|recht, hat sich zu|recht|ge|fun|den, *aber:* zu Recht böse sein

zür|nen, er zürnt, zürn|te, hat ge|zürnt

zu|rück

zu|rück|kom|men, sie kommt zu|rück, kam zu|rück, ist zu|rück|ge|kom|men

zu|sam|men, zusammen sein

zu|sam|men|sto|ßen, sie sto|ßen zu|sam|men, der Zu|sam|men|stoß

zu|schau|en, er schaut zu, schau|te zu, hat zu|ge|schaut, der Zu|schau|er

zu|se|hends

der **Zu|stand**, die Zu|stän|de

zu|stän|dig

zu|trau|lich

zu|ver|läs|sig

zu|ver|sicht|lich

zu viel, zu vie|le

zu we|nig, zu we|ni|ge

zu|wi|der

der **Zwang**, die Zwän|ge

zwan|zig, zwan|zig|fach, zwan|zig|mal, das zwan|zigs|te Mal

zwar

der **Zweck**, die Zwe|cke, zweck|los

zwei, zwei|er|lei, zwei|hun|dert, die zwei|te Reihe, zu zweit

der **Zwei|fel**, die Zwei|fel, zwei|fel|haft

zwei|feln, sie zwei|felt, zwei|fel|te, hat ge|zwei|felt

der **Zweig**, die Zwei|ge

zwei|mal, zweimal gehen, *aber:* zwei mal fünf

der **Zwerg**, die Zwer|ge

die **Zwet|sche** (Pflaume), die Zwet|schen, der Zwet|schen|baum

zwi|cken, du zwickst, er zwickt, zwick|te, hat ge|zwickt

der **Zwie|back**, die Zwie|bä|cke

die **Zwie|bel**, die Zwie|beln

zwie|fach (zweimal)

das **Zwie|ge|spräch**, Zwie|spra|che hal|ten

der **Zwie|laut**, die Zwie|lau|te

das **Zwie|licht**

der **Zwil|ling**, die Zwil|lin|ge, das Zwil|lings|paar

zwin|gen, sie zwingt, zwang, hat ge|zwun|gen, der Zwang

der **Zwin|ger**, die Zwin|ger

zwin|kern, er zwin|kert, zwin|ker|te, hat ge|zwin|kert

der **Zwirn**, der Zwirns|fa|den

zwi|schen, der Zwi|schen|fall, der Zwi|schen|raum

der **Zwist** (Streit)

zwit|schern, es zwit-schert, zwit|scher|te, hat ge|zwit|schert

zwölf, zwölf|fach, die zwölf|te Reihe

zwölf|mal, zwölfmal läuten, *aber:* zwölf mal vier

der **Zy|lin|der**, die Zy|lin|der

das **Zy|per|gras** (Pflanze)

A B C D E F G H I J K L M N O P Q R S T U V W X Y **Z**

PLAPPER,
PLAPPER,
PLAPPER

Wörter und Sätze

Wortfelder 242

Wortfamilien 246

Wissenswertes über Wortarten 249

Wissenswertes über Sätze 254

Wissenswertes über Laute, Buchstaben, Silben und Wörter (Aufgaben) 258

Regeln und Tipps für richtiges Schreiben (Aufgaben) 261

Lauttabelle für türkische und russische Kinder 270

→ gehen

gehen	Bei Grün **gehen** wir über die Straße.
laufen	Die Kinder **laufen** hinter dem Rattenfänger her.
rennen	So schnell sie kann, **rennt** sie zur Polizei.
schreiten	Das Brautpaar **schreitet** in die Kirche.
marschieren	Im Gleichschritt **marschieren** Soldaten.
schleichen	Uwe und Katja **schleichen** vorsichtig um die Hütte herum.
huschen	Die Maus **huschte** ins Loch.
springen	Die Katze **springt** vom Dach.
bummeln	Wir **bummeln** durch die Stadt und sehen in Schaufenster.
waten	Bis zu den Knöcheln **waten** wir durchs Bächlein.
spazieren gehen	Heute Nachmittag **geht** die Familie im Park spazieren.

→ sehen

sehen	Auch ohne Brille kann ich gut **sehen**.
beobachten	Der Jäger **beobachtet** die Rehe.
betrachten	Die Kinder **betrachten** ihre Bilder aus dem Kunstunterricht.
entdecken	Eines Morgens **entdeckt** Thomas seinen Hamster in der Schultasche.
blinzeln	Sie **blinzelt** im hellen Sonnenlicht.
besichtigen	Im Urlaub haben wir mehrere Burgen **besichtigt**.
gucken	Andrea **guckt** durchs Schlüsselloch ins Weihnachtszimmer.
gaffen	Viele Leute standen an der Unfallstelle und **gafften**.

→ sprechen

sprechen	Stefan **spricht** unverständlich.
sagen	**Sag** ihm bitte etwas Freundliches.
reden	Herr Meier **redet** ununterbrochen.
erwähnen	Im Brief an seine Großeltern **erwähnt** Klaus sein neues Fahrrad nur nebenbei.
plappern	Das Kleinkind **plappert** vor sich hin.
sich unterhalten	Sie **unterhalten** sich übers Fernsehen.
meinen	Claudia **meint**: „Ich spiele nicht mit."
erzählen	Unsere Lehrerin **erzählt** Geschichten.
berichten	Ich **berichtete** dem Polizisten, was ich bei dem Unfall gehört und gesehen hatte.
fragen	„Kannst du das?", **fragt** Andrea Conny.
antworten	„Das kann ich nicht", **antwortet** Conny.
jammern	Er **jammert** den ganzen Tag, weil er Geld verloren hat.
schwatzen	Die Kinder am Nachbartisch **schwatzen** dauernd.
flüstern	Evi **flüstert**: „Hier finden sie uns nicht."
tratschen	Uli **tratscht** dauernd über Peters Familie.

→ zerstören

zerstören	Rüpel haben die Parkbank **zerstört**.
kaputtmachen	Du hast meine Uhr **kaputtgemacht**, weil du sie überdreht hast.
zerschmettern	Vor Wut **zerschmetterte** er die Vase.
abreißen	Das alte Haus wird **abgerissen**.
zerreißen	Anonyme Briefe sollte man **zerreißen**.
vernichten	Das Feuer hat die ganze Fabrik **vernichtet**.

→ essen

essen	Er kann mit Messer und Gabel **essen**.
frühstücken	Sonntags **frühstücken** wir erst um zehn.
probieren	Der Koch **probiert**, ob die Suppe gut gewürzt ist.
speisen	Im Restaurant **speist** eine Hochzeitsgesellschaft.
schlingen	Der Hund **schlingt** sein Futter hinunter.
fressen	„Du solltest nicht so gierig **fressen**, Ajax!“
löffeln	Michael **löffelt** seine Milchsuppe.

→ lachen

lachen	Über deine Witze kann ich nicht **lachen**.
jubeln	„Tor!“, **jubelten** die Fußballspieler.
schmunzeln	Opa gibt mir zwei Euro. Er **schmunzelt**: „Taschengeld ist immer zu wenig.“
grinsen	„Ich hab die Luft aus deinen Fahrradreifen gelassen“, **grinst** der große Anton.
kichern	Die beiden Mädchen stießen sich mit den Schultern an und **kicherten**.
auslachen	Ihr sollt mich nicht **auslachen**, weil ich das nicht kann!
lächeln	Andrea **lächelt** heimlich ihrem Freund zu.

→ weinen

weinen	Uwe ist so traurig, dass er **weinen** muss.
schluchzen	**Schluchzend** zeigt Petra das Loch im Rock.
wimmern	Das allein gelassene Kind **wimmerte** leise.
jammern	Dauernd spricht er vom verlorenen Geld. „Hör auf zu **jammern**!“, schimpft Pit.
heulen	Maik **heult** laut: „Steffi hat mich gehauen, auuu!“

→ geben

geben	Papa sagt: „Ich kann dir nicht jeden Tag Geld für neue Hefte **geben**!"
aushändigen	Die Lehrerin **händigt** jedem Kind feierlich das Zeugnis **aus**.
übermitteln	Wir **übermitteln** unsere eilige Nachricht mit einem Telegramm.
vermachen	Oma hat mir ihren Spazierstock **vermacht**.
schenken	Susi bekommt zum Geburtstag einen Roller **geschenkt**.
bescheren	Die Eltern **bescheren** die Kinder unterm Weihnachtsbaum.
spenden	Die Fernsehzuschauer **spendeten** Geld für den Tierschutz.
liefern	**Liefern** Sie uns bitte morgen die neuen Möbel ins Haus!

→ arbeiten

arbeiten	Mein Vater **arbeitet** täglich achteinhalb Stunden.
sich beschäftigen	Nach Feierabend **beschäftigt** er **sich** mit seinen Briefmarken.
sich anstrengen	„Du musst dich beim Laufen mehr **anstrengen**", sagt die Lehrerin.
sich quälen	Der Radfahrer **quält sich** die steile Bergstraße hoch.
schuften	Der Gefangene musste von früh bis spät im Steinbruch **schuften**.
schaffen	Die Künstlerin hat ein berühmtes Kunstwerk **geschaffen**.

→ bauen

ans Haus einen **Anbau** **anbauen**
eine Möglichkeit **verbauen**
ein Gelände mit Häusern **bebauen**
das **Gebäude**
der **Bau** des Fuchses
Rüben **anbauen**
der **Straßenbau**
der **Ackerbau**
der **Bauer**
das oder der **Vogelbauer**
der **Neubau**

→ binden

der **Binder** (Schlips)
die Wunde **verbinden**
der **Bindestrich**
das gewebte **Band**
die **Räuberbande**
Die Verträge sind **verbindlich**.
der **Bindfaden**
der **Tierbändiger**
die **Bundesrepublik**
die **Armbinde**
jemanden telefonisch **verbinden**
der **Verband** um die Wunde
die **Entbindung** (Geburt)
zwei **Bände** Karl May
ein **Bund** Radieschen
ein **Bündel** Stroh
Er **bündelt** Stroh.
die **Verbündeten**
das **Bündnis** zweier Staaten

→ brechen

einen Stock **brechen**
unterbrechen
schwere **Brecher** auf See
das **Verbrechen**
der **Einbrecher**
Alte sind oft **gebrechlich**.
der **Wolkenbruch** (das Wasser stürzt, als seien Wolken gebrochen)
sich **erbrechen**
Das Land liegt **brach** (ungebrochen, noch nicht gepflügt).
der **Bruch** des Knochens
der **Wortbruch** (Bruch eines Versprechens)
der **Schiffbruch** (Untergang)
eine **brüchige** Freundschaft
ein großer **Brocken**
Das Gestein **bröckelt**.

→ fahren

die **Ausflugsfahrt**
Der Weg ist **befahrbar**.
die **Fahrbahn**
das **Fahrzeug**
der **Autofahrer**
Wer **vor**her **fahr**en darf, hat **Vorfahrt**.
die **Fähre** über den Fluss
die **Gefahr**
gefährlich
fahrlässig
fahren (altes Wort für „wandern“)
Wer weit „**gefahren**“ ist, ist **erfahren**, hat **Erfahrung**.
Wer **mitfährt** (mitwandert), ist der **Gefährte**.
Beim Wandern im Sand bleibt eine **Fährte**.
der **Fuhrmann** auf dem **Fuhrwerk**
eine **Fuhre** Heu
die **Müllabfuhr**

→ fallen

tief **fallen**
ein tiefer **Fall**
das **Gefälle** der Straße
Der **Holzfäller fällt** Bäume.
falls das der **Fall** ist ...
ebenfalls
Die Miete ist **fällig**.
die **Mausefalle**
Tu mir den **Gefallen**!
Halte **gefälligst** den Mund!
Beifall klatschen
Der Kranke hat einen **Rückfall**.
Der Kranke hat **Durchfall**.
Abfall wegwerfen

→ nehmen

in der Schule etwas **durchnehmen**
etwas übel **nehmen**
sich **zusammennehmen**
Verdächtige **vernehmen**
an etwas **teilnehmen**
die **Vernehmung**
sich gut **benehmen**
abnehmender Mond
Wir **unternehmen** etwas.
Geld **einnehmen**
mit dem Fotoapparat eine **Aufnahme** machen
die **Aufnahme** in die Bande
Mach eine **Ausnahme**!

→ setzen

mit der Fähre **übersetzen**
ins Englische **übersetzen**
nach Klasse 5 **versetzen**
Versetz dich in meine Lage!
den Präsidenten **absetzen**
Der Gärtner **setzt Setzlinge**.
das **Gesetz**
unersetzlich
entsetzlich
der **Satz** im Heft
der **Aufsatz**
ein weiter **Satz** (Sprung)
der **Sitz** im Auto
das **besetzte** Klosett
der **Besitz**
sitzen
der **Vorsitzende**
die **Sitzung**

→ sprechen

miteinander **sprechen**
etwas **besprechen**
etwas **versprechen**
sich **versprechen**
von Schuld **freisprechen**
die **Sprechstunde**
die **Sprache**
die **Ansprache**
das **Gespräch**
sprachlos vor Staunen
das **Sprichwort**
Sie **widerspricht** ihm.
der **Spruch** fürs Poesiealbum
der **Freispruch** vor Gericht
große **Ansprüche** stellen

→ tragen

eine Tasche **tragen**
sich gut **betragen**
einen **Auftrag** geben
einen **Antrag** stellen
einen **Vortrag** halten
das **einträgliche** Geschäft
die **trächtige** Kuh
der **unerträgliche** Lärm

→ ziehen

etwas in die Länge **ziehen**
in die weite Welt **ziehen**
ein Kind **erziehen**
ein **ungezogenes** Kind
Erzieherinnen
der **Strafvollzug**
das Pferd **zügeln**
in jeder **Beziehung**

Wissenswertes über Wortarten

Verben (Tätigkeitswörter)

Verben sagen, was jemand tut oder was geschieht.

→ lernen, schreiben, brennen

Verben stehen in der **Grundform/Nennform** oder in der **Personalform** (gebeugte Form)

→ lernen, schreiben, brennen
→ ich lerne, du lernst, er, sie, es lernt, wir lernen, ihr lernt, sie lernen

Wir unterscheiden:
Wortstamm und **Endung**

er lernt

Wortstamm (lern) – Endung (t)

Verben können in verschiedenen **Zeitformen** stehen.

Präsens (Gegenwart) → er lernt, ich schreibe, es brennt

Präteritum (Vergangenheit) → er lernte, ich schrieb, es brannte

Manchmal ändert sich der Wortstamm. → wir schreiben – wir schrieben

Perfekt

Das Perfekt wird oft verwendet, wenn wir über etwas Vergangenes mündlich berichten. Es besteht aus zwei Teilen:
wir haben gelernt
ich bin gegangen

→ er hat gelernt, ich habe geschrieben, es hat gebrannt

Futur (Zukunft)

Das Futur besteht aus zwei Teilen: Wir werden fahren.

→ ich werde lernen, du wirst schreiben, es wird brennen

Verben verändern ihre Bedeutung durch kleine Wörter (vor, mit, auf ...) und Vorsilben (ver..., be...).

→ vorschreiben, mitschreiben, aufschreiben, verschreiben, beschreiben

Substantive oder Nomen (Namenwörter)

Substantive/Nomen werden immer großgeschrieben.
Namen haben

- Personen → Luzie, Willi
- Dinge → der Tisch, die Tasche
- Pflanzen → der Baum, die Blume
- Tiere → der Hund, die Katze
- und Wörter wie → die Angst, der Wunsch, eine Frage, eine Bitte

Substantive/Nomen können einen **Artikel** (Begleiter) haben.
der, die, das, ein, eine

→ der Wunsch, ein Wunsch

Substantive/Nomen können im **Singular** (Einzahl) und im **Plural** (Mehrzahl) stehen.

→ der Tisch – die Tische
→ die Katze – die Katzen
→ das Kind – die Kinder

Substantive/Nomen können **zusammengesetzt** werden.

die Klasse das Zimmer
das Klassenzimmer

Bestimmungswort Grundwort

→ der Hausschlüssel, die Schultasche

Bestimmungswörter können sein:
Substantiv/Nomen
Verben
Adjektive

→ der Hund – die Hundeleine
→ schreiben – das Schreibheft
→ rot – der Rotstift

Grundwörter sind immer Substantive/Nomen.

→ die Leine, das Heft, der Stift

Substantive/Nomen können durch ein **Adjektiv** (Eigenschaftswort) näher erklärt werden:

→ das lustige Fest
→ der fleißige Schüler
→ die kleine Katze

Substantive/Nomen können im Satz in verschiedenen Formen auftreten. Diese Formen heißen **Fälle**. Es gibt vier Fälle.

Nominativ/1. Fall	Wer oder was?	→ der Vater, die Mutter, das Kind, der Stift
Genitiv/2. Fall	Wessen?	→ des Vaters, der Mutter, des Kindes, des Stiftes
Dativ/3. Fall	Wem?	→ dem Vater, der Mutter, dem Kind, dem Stift
Akkusativ/4. Fall	Wen oder was?	→ den Vater, die Mutter, das Kind, den Stift

Substantive/Nomen können mit		
den **Nachsilben**	-ung	→ die Lösung
	-nis	→ das Zeugnis
	-heit	→ die Freiheit
	-keit	→ die Freundlichkeit
und mit der **Vorsilbe**	Ge-	→ das Gedicht
gebildet werden.		

Substantive/Nomen können mit		
den Nachsilben	-chen	→ das Bett – das Bettchen
	-lein	→ der Tisch – das Tischlein
verkleinert werden.		

Substantive/Nomen können durch **Personalpronomen** ersetzt werden.

der Vater	–	er	→ Der Vater kommt nach Hause.
die Mutter	–	sie	Er kommt nach Hause.
das Kind	–	es	
die Kinder	–	sie	

Personalpronomen sind auch:
ich, du, wir, ihr → Wir spielen.

Adjektive (Eigenschaftswörter)

Adjektive sagen, **wie** etwas ist:
→ die schwere Mappe
→ Die Mappe ist schwer.

Adjektive können wir **steigern**.

Grundstufe	→ klug	gut
Mehrstufe (1. Steigerungsstufe)	→ klüger	besser
Meiststufe (2. Steigerungsstufe)	→ am klügsten	am besten

Adjektive helfen uns, etwas zu **vergleichen**:
→ Hans ist so groß wie Karl.
→ Peter ist größer als du.

Adjektive können mit den

Nachsilben	-ig	→ lustig
	-lich	→ freundlich
	-isch	→ spielerisch

gebildet werden.

Präpositionen (Verhältniswörter)

Präpositionen stehen oft **vor** Substantiven/Nomen oder Personalpronomen.

auf, zu, in, bei, aus, von, mit, über (Dativ/3. Fall)
→ mit meinem Bruder spielen –
→ mit ihm spielen

auf, in, für, durch, über, ohne (Akkusativ/4. Fall)
→ für die Mutter basteln –
→ für sie basteln

Wissenswertes über Sätze

Satzarten

Aus Wörtern werden Sätze.
Es gibt verschiedene **Satzarten**.
Zu jeder Satzart gehört ein bestimmtes Satzschlusszeichen.
Am Satzanfang wird immer großgeschrieben.

Aussagesatz	Punkt	.	→ Die Kinder besuchen den Zoo.
Fragesatz	Fragezeichen	?	→ Wo treffen wir uns? Treffen wir uns heute?
Ausruf/Aufforderungssatz	Ausrufezeichen	!	→ Achtung! Füttert die Tiere nicht!

Die wörtliche Rede

Die wörtliche Rede steht in **Anführungszeichen**: „ “. Sie hat oft einen **Begleitsatz**. Dieser kann vor, zwischen oder nach der wörtlichen Rede stehen.

→ Die Lehrerin sagt: „Wir besuchen das Aquarium.“

→ „Nach dem Aquarium“, sagt die Lehrerin, „gehen wir ins Affenhaus.“

→ „Wir treffen uns vor dem Eingang“, sagt die Lehrerin.

→ „Wer fehlt noch?“, fragt sie.

Der Satz

Erst ein **gebeugtes Verb** macht aus Wörtern und Wortgruppen einen Satz. Wir nennen es **Prädikat** (Satzaussage).

Es gibt **ein- und mehrteilige** Prädikate.

Einteiliges Prädikat: → Die Klasse besucht den Zoo.

Mehrteiliges Prädikat: → Die Kinder schreiben ihre Erlebnisse auf.

Ein Satz besteht aus Bausteinen. Diese Bausteine heißen **Satzglieder**. Satzglieder lassen sich im Satz umstellen. **Klangprobe** und **Umstellprobe** helfen beim Schreiben eines Textes.

Die Affen sind heute im Käfig.
Im Käfig sind heute die Affen.
Heute sind die Affen im Käfig.

Sätze sagen etwas über Lebewesen oder Dinge aus. Nach diesen fragen wir: Wer oder was? Dieser Satzbaustein (dieses Satzglied) heißt **Subjekt** (Satzgegenstand). Es steht immer im Nominativ (1. Fall). Fast jeder Satz hat ein Subjekt.

→ Wer oder was besucht den Zoo? die Klasse

Subjekt (Satzgegenstand) und **Prädikat** (Satzaussage) bilden den **Satzkern**.

→ Die Klasse besucht.
→ Die Kinder schreiben auf.

Der Satzkern sagt oft zu wenig aus. Deshalb braucht man **Ergänzungen**. Die Ergänzung zum Prädikat heißt **Objekt**.

Objekte können im Satz in verschiedenen Formen (Fällen) stehen.

Der Tierpfleger öffnet den Kindern das Streichelgehege.
Sie wollen die Zicklein füttern.

Wem öffnet der Tierpfleger das Streichelgehege?

→ den Kindern
Objekt im 3. Fall/Dativobjekt

Wen oder was öffnet der Tierpfleger den Kindern?

→ das Streichelgehege
Objekt im 4. Fall/Akkusativobjekt

Wen oder was wollen die Kinder füttern?

→ die Zicklein
Objekt im 4. Fall/Akkusativobjekt

Ortsangaben und **Zeitangaben** können auch den Satzkern ergänzen.
Es sind ebenfalls Satzglieder.

Wir fragen nach dem **Ort**:	Wo? Woher? Wohin?
und nach der **Zeit**:	Wann? Seit wann? Wie lange? Wie oft?

Der Tierpfleger arbeitet jeden Tag im Gehege.

Wann arbeitet der Tierpfleger im Gehege?	→ jeden Tag Zeitangabe
Wo arbeitet der Tierpfleger jeden Tag?	→ im Gehege Ortsangabe

Wissenswertes über Laute, Buchstaben, Silben und Wörter

Laute und Buchstaben

Laute hören und sprechen wir. Buchstaben sehen, lesen und schreiben wir.
A E I O U sind **Selbstlaute** (Selbstklinger, Vokale).
Alle anderen Laute des Alphabets sind **Mitlaute** (Konsonanten).
Sie klingen nicht allein. Es klingen noch andere Laute mit.

b	c	d	m	k
be	ce	de	em	ka

Kl. 2
Ein anderer Selbstlaut – ein anderes Wort.
Setze richtig ein!

der Bach	der Hase	der Hund	die Silbe
das B_ch	die H_se	die H_nd	die S_lbe

Die Selbstlaute	a o u	können zu	
Umlauten	ä ö ü	werden.	
die Hand	die Dose		der Hut
das Händchen	das Döschen		die Hüte

Kl. 2
Finde den richtigen Umlaut.

die Hand – die H …	die Rose – das R …
die Wand – die W …	der Kuss – die K …
die Hose – das H …	er muss – wir m …

Selbstlaute und Umlaute können lang (_) oder kurz (.) gesprochen werden.

die Ameise, der Affe, das Äffchen
die Oma, der Ordner, der Öffner
die Uhr, das Unterhemd, die Übung

der Esel, die Ente
der Igel, der Indianer

Kl. 2, 3, 4

Sprich deutlich und kennzeichne die langen (_) und die kurzen (.) Selbstlaute!

a – der Hase, hassen, braten, backen
e – der Weg, weg sein, der Wecker, hetzen
i – das Schiff, schief, schick, die Hitze
o – der Hof, hoffen, der Ofen, offen
u – der Kuchen, das Huhn, der Hund, die Puppe
ä – das Mädchen, der Käfer, kämmen, die Säge
ö – der König, können, die Kröte, der Löffel
ü – der Schlüssel, müde sein, der Müll, die Rübe

Die **Zwielaute** heißen au (der Baum), äu (die Bäume), eu (die Eulen), ei (die Kreide). Zwielaute werden immer **lang** gesprochen. Du hörst einen Laut und schreibst zwei Buchstaben.

Kl. 2

Ergänze die Reimwörter.

sausen	die Bäume	die Eulen	die Leiter
br...	die Tr...	die B...	w...
m...	die Sch...	h...	h...

Silben und Wörter

Wörter bestehen aus Silben:
Heft, Buch, Stift – eine Silbe
Tafel, Kreide, malen – zwei Silben
Tafelschwamm, Bleistifte – drei Silben
⋮

In jeder Silbe steht ein **Selbstlaut**, ein **Umlaut** oder ein **Zwielaut**.

TIPP: Du kannst auch die Silben klatschen. Das hilft dir, wenn du ein Wort am Zeilenende trennen musst.

Kl. 2, 3, 4
Bilde aus den Silben Wörter. Ordne sie nach der Anzahl der Silben.

Ta	hal	buch	tel	Tisch	de	Fe	Turn
der	Bank	Krei	Ta	beu	ter	ge	fel

eine Silbe: die Bank, …
zwei Silben: …
drei Silben: …
vier Silben: …

Regeln und Tipps für richtiges Schreiben

Das richtige Schreiben ist gar nicht so schwer, wenn man einige Grundregeln weiß.

Für **lauttreue** Wörter gilt:

REGEL 1 Schreibe so, wie du sprichst!

Nina, die Nase, die Hose, fein, der Bach, das Brot, der Garten, die Maus, sagen, laufen, die Tasche, das Licht

Kl. 2
Schreibe die Wörter ab und sprich dabei deutlich mit. Setze die Silbenbögen.

Kl. 3, 4
Schreibe zu jedem Beispiel Reimwörter auf.

Für **nicht lauttreue** Wörter braucht man andere Regeln und Tipps.

REGEL 2 Nach einem kurzen Selbstlaut folgen zwei Mitlaute. Sie können gleich oder unterschiedlich sein.

rennen	rollen	essen	die Katze	der Kamm	die Schippe
trennen	sollen	pressen	die Tatze	das Lamm	die Klippe
br…	w…	fr…	die Fr…	der Schw…	die W…

decken	die Mutter	das Land	die Bank	die Schanze
recken	die Butter	die Hand	der Schrank	die Lanze
str…	das F…	das B…	kr…	die Pfl…

Kl. 2
Finde die Reimwörter und kennzeichne den kurzen Selbstlaut.

Kl. 3
Wähle Substantive aus und bilde Wortgruppen:
die kleine Katze, die lustige Fratze …

Kl. 4
Bilde von den Verben folgende Formen:
rollen, rollte, gerollt

TIPP: Reimen hilft oft beim richtigen Schreiben.

TIPP: Nach einem langen Selbstlaut schreibe nie zwei Mitlaute!

Kl. 2, 3, 4
Bilde mit jedem Wort einen kurzen Satz.

die Hüte – die Hütte
wir raten – die Ratten
der Ofen – es ist offen
das Maß – wir messen
er aß – er hat gegessen

REGEL 3 Die wichtigste Regel für richtiges Schreiben liegt in der Wortfamilie.
Der gemeinsame Wortstamm ist der Schlüssel für das richtige Schreiben.

pflanzen	lieben
pflanzte	liebte
gepflanzt	geliebt
die Pflanze	die Liebe
die Pflanzen	lieblich
das Pflanzholz	der Liebesbrief
anpflanzen	verlieben
bepflanzen	

Kl. 2, 3, 4
Bilde Wortfamilien mit diesen Wörtern und unterstreiche den gemeinsamen Wortstamm:

Kl. 2
spielen, der Wunsch, backen

Kl. 3
schwimmen, fliegen, der Fahrer

Kl. 4
siegen, der Spaß, messen

TIPP: Es gibt größere und kleinere Wortfamilien.
Du kannst sie mit Verben, mit Substantiven/Nomen und manchmal auch mit Adjektiven bilden. Informiere dich auch im Abschnitt „Wissenswertes über Wortarten“.

TIPP: Am Wortende klingt b wie p, d wie t und g wie k.
Da hilft dir die Wortverlängerung.

der Korb	–	die Körbe	die Wand	–	die Wände
der Berg	–	die Berge	das Sieb	–	die Siebe
der Wald	–	die Wälder	der Zug	–	die Züge

lieb	–	lieber	–	am liebsten
fremd	–	fremder	–	am fremdesten
klug	–	klüger	–	am klügsten

Kl. 2, 3, 4
Schreibe die folgenden Wortgruppen und setze die fehlenden Buchstaben richtig ein:

Kl. 2
den Ta_ beginnen, in den Zu_ einsteigen, gel_e Blätter pressen, Gel_ einzahlen, durch Wäl_er und Fel_er gehen, ein Bil_ an die Wan_ hängen, die Wel_ kennen lernen, bei Win_ und Wetter mit dem Hun_ hinausgehen

Kl. 3, 4
einen Ber_ besteigen, ohne Grun_ weinen, der Freun_ freu_ sich, ein Schil_ aufstellen, die Zei_ einhalten, trü_e Aussichten, wil_e Pferde sind uns frem_, im Lan_ der Bur_en mit dem Ra_ fahren und im Zel_ schlafen, ein klu_es Wor_ sprechen

TIPP: Manchmal weiß man nicht, ob e oder ä zu schreiben ist.
Da helfen dir Singular und Grundform der Wörter weiter.
die Wälder – der Wald   er fährt – fahren

REGEL 4 In manchen Wörtern ist die Länge des Selbstlautes besonders bezeichnet.

Dazu gehören: Wörter mit langem i-Laut (ie, ih, ieh)

Kl. 2, 3, 4
Wähle je drei Verben aus und bilde Wortfamilien.
Unterstreiche den gemeinsamen Wortstamm.

ie

Kl. 2
spielen, das Spiel, die Wiese, liegen, fliegen, lieben

Kl. 3
der Brief, frieren, liefern, das Papier, schieben, das Ziel, zielen

Kl. 4
biegen, dienen, kriechen, mieten, siegen, riechen, probieren

Kl. 2, 3, 4
Bilde mit den Wörtern Sätze.
Zum Beispiel: Ich sehe ihn.

ih

Kl. 2, 3
ihn, ihnen, ihr, ihren, ihrer, ihre, ihres

ieh

Kl. 4
fliehen, es geschieht, das Vieh, er stiehlt

Dazu gehören: Wörter mit h nach langem Selbstlaut

Kl. 2
Suche zu den Substantiven/Nomen die dazugehörigen Verben. Unterstreiche den gemeinsamen Wortstamm.

die Zahl, die Bahn, der Fehler, nehmen,
die Fahrt, der Erzähler

Kl. 3
Bilde mit den Adjektiven Wortgruppen:

das Ohr, die Uhr, ähnlich, wohnen, kühl,
wahr, hohl, der Verkehr

Kl. 4
Bilde zu ausgewählten Substantiven/Nomen Wortfamilien. Unterstreiche den gemeinsamen Wortstamm.

die Ehre, die Gefahr, der Lehrer, der Lohn, die Mühe,
die Lehne, die Ruhe

TIPP: Für Wortfamilien dieser Wörter gilt:
einmal ie – immer ie (mieten, die Miete, gemietet)
einmal h – immer h (die Ehre, ehren, ehrlich)

REGEL 5 Manche Wörter muss man sich fest einprägen.

Dazu gehören: Wörter mit aa, ee, oo

aa: das Haar, der Saal, die Saat, das Paar, ein paar Beeren, der Staat, die Waage
ee: der Schnee, das Beet, der See, der Klee, das Meer, leer
oo: der Zoo, das Moos, das Moor, das Boot, der Zoo

Kl. 2
Wähle fünf Substantive/Nomen aus und bilde die Mehrzahl. So: das Haar – die Haare, …

Kl. 3, 4
Wähle fünf Substantive/Nomen aus und suche zusammengesetzte Substantive/Nomen. So: der Schnee, der Schneemann, der Neuschnee

TIPP: Erscheint ein Umlaut, schreibe keine doppelten Selbstlaute!
der Saal – die Säle
das Paar – das Pärchen

Dazu gehören: Wörter mit V, v

Kl. 2, 3, 4
Bilde mit ausgewählten Wörtern Wortgruppen:
Kl. 2
der Vater, das Veilchen, der Vogel, voll, viel, vom, von, vor, vier
Kl. 3
der Verkehr, das Vieh, das Volk, verlieren, vergessen, vorn
Kl. 4
die Vase, das Vorderrad, die Vorsicht, verbieten, verwechseln, verzeihen, vielleicht, vorige, vorher

Dazu gehören: Wörter mit ß nach langem Selbstlaut und nach Zwielauten

der Gruß, der Fuß, die Straße, der Kloß, das Maß,
der Spaß, der Strauß
weiß, heiß, groß, süß, fleißig, spaßig
grüßen, heißen, beißen, stoßen, gießen, fließen, draußen

Kl. 2
Wähle Substantive/Nomen aus und bilde die Mehrzahl.

Kl. 3
Bilde mit ausgewählten Adjektiven Wortgruppen.

Kl. 4
Bilde mit ausgewählten Verben diese Formen:
stoßen – stieß – gestoßen
gießen – goss – gegossen

Achte auf den Stammselbstlaut!

Dazu gehören: Wörter mit Sp, sp und St, st am Wortanfang

TIPP: Du sprichst schp und scht, du schreibst Sp, sp und St, st!

Kl. 2, 3, 4
Wähle Verben aus und finde das dazugehörige Substantiv/Nomen:

Kl. 2
spielen, stehen, sparen, springen, spitzen, die Stadt

Kl. 3

sprechen, stützen, spritzen, sprühen, die Stunde, der Stern

Kl. 4

starten, streiten, stören, stürmen, stürzen, das Stadion, die Spur

Dazu gehören: Kleine Wörter

Kl. 2, 3, 4

Wähle Wörter aus und bilde Sätze:

Kl. 2

etwas, zum, um, am, im, mit, hat, bin, bis, dir, mir, wir

Kl. 3

manche, manchmal, selbst, fast, jetzt, zuletzt, daran, darin, rückwärts

Kl. 4

der Bus, beinahe, ehe, während, ungefähr, hervor, stets, bloß

REGEL 6 Die sicherste Regel heißt: Nachschauen im Wörterverzeichnis oder im Wörterbuch! Beachte dazu die Hinweise ab Seite 24 und Seite 82.

A a 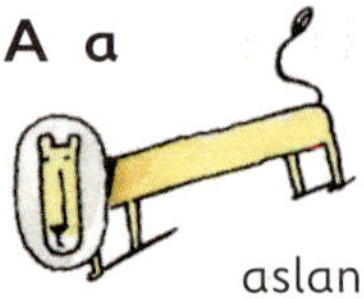 aslan	**B b**  baykuş	**C c**  köpek	**D d**  dondurma
E e  eşek	**F f**  fincan	**G g** 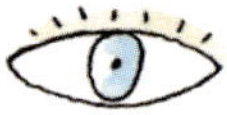 göz	**H h** 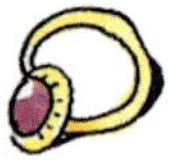 halka
I i  inek	**J j** 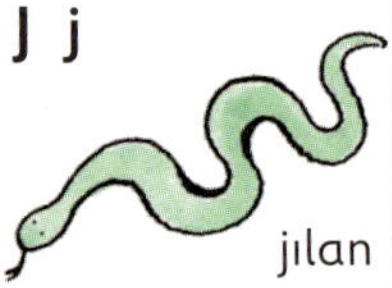 jılan	**K k** 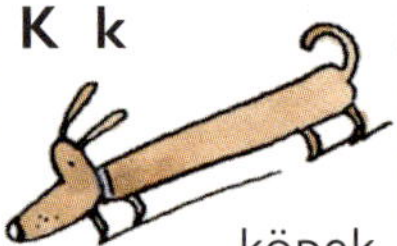 köpek	**L l** 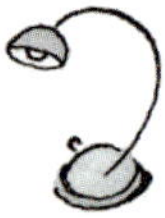 lamba
M m  muz	**N n** 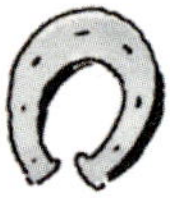 nal	**O o**  otomobil	**P p**  papagan
Qu qu	**R r**  roket	**S s**  zil	**T t**  top
U u  uçurtma	**V v**  fincan  vazo	**W w** 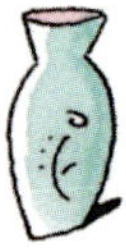 vazo	**X x**
Y y  yumurta	**Z z**	**Sch sch**  şapka	**Ei ei**  ay

A a  апельсин	**B b**  бутылка	**C c**  книга	**D d**  дом
E e 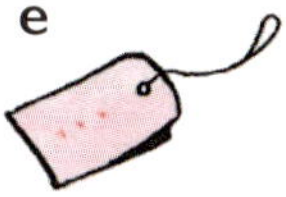 этикетка	**F f**  футбол	**G g**  губа	**H h**
I i 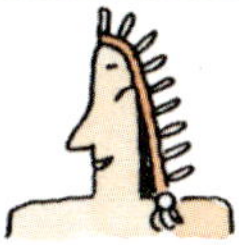 индеец	**J j**  ёж	**K k**  книга	**L l** 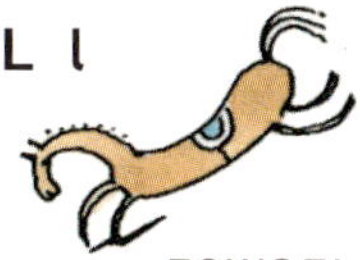 лошадь
M m  медведь	**N n**  ножницы	**O o**  облако	**P p**  палец
Qu qu 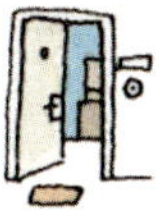 квартира	**R r**  роза	**S s** 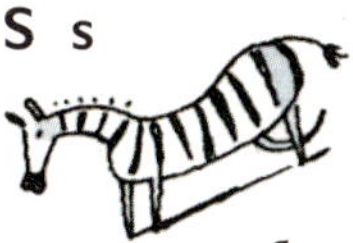 зебра	**T t**  тарелка
U u  утка	**V v**  ведро  футбол	**W w**  ведро	**X x**
Y y  ёж	**Z z**  цветок	**Sch sch**  шоколад	**Ei ei**  аист

Hi!
S.O.S.
FOLLOW ME!

Englisch

Bild-Wort-Lexikon **274**

Wörterverzeichnis **298**

grandmother
(grandma)
grandfather
(grandpa)
father
(dad,
daddy)
mother
(mum,
mummy)
grandmother (grandma)
Hi, I'm Tom.
This is my family.
sister
daughter
brother
son
dog
cat

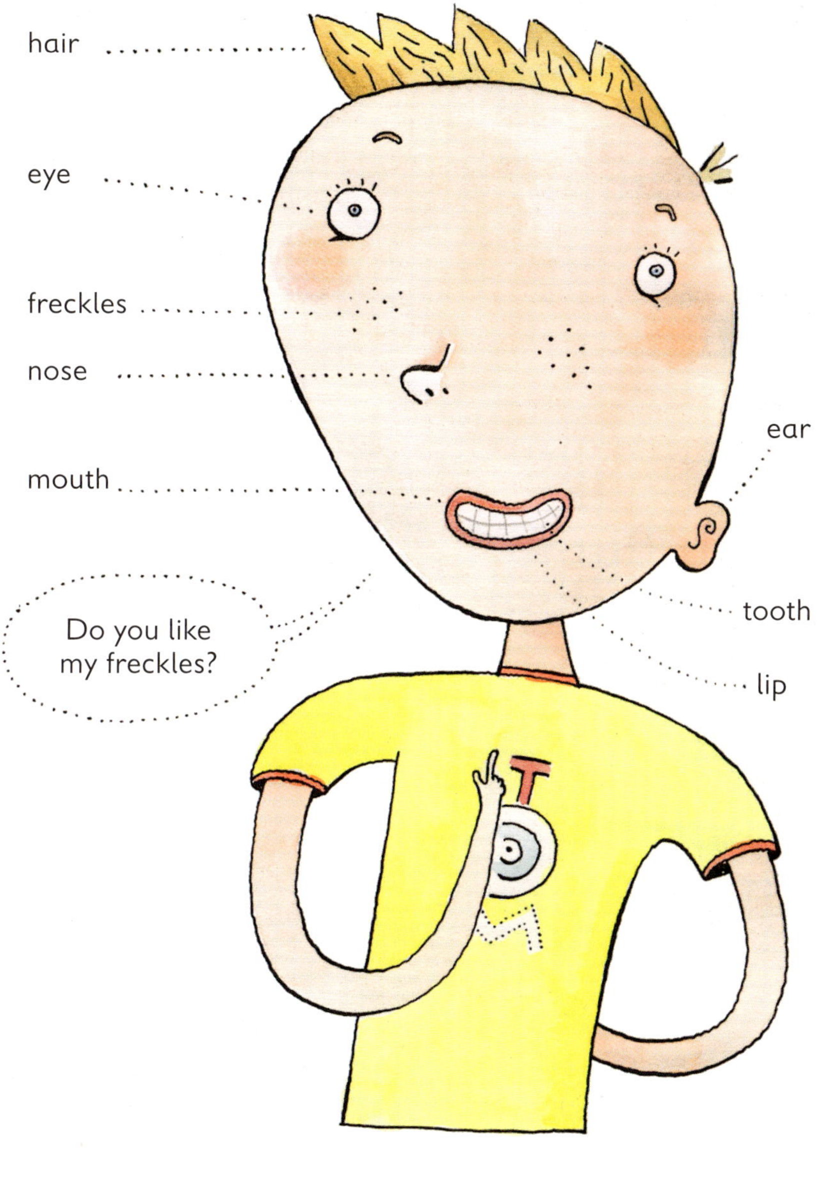
hair
eye
freckles
nose
mouth
ear
tooth
lip
Do you like my freckles?

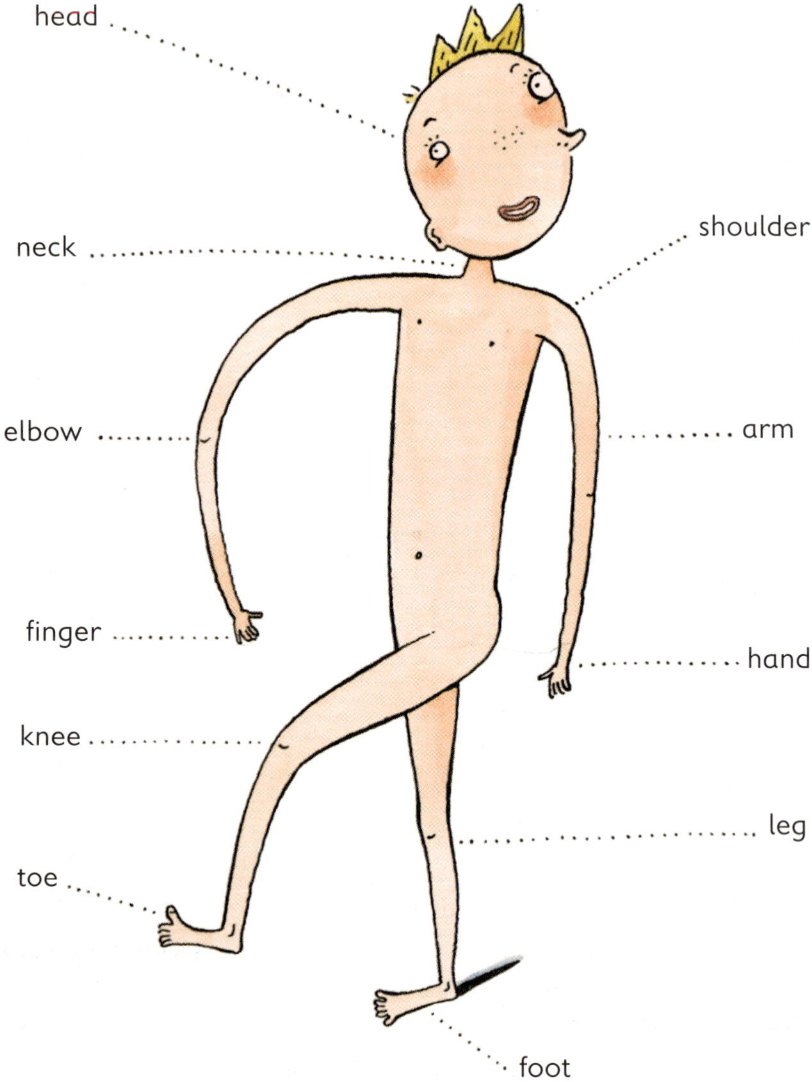
head
neck
shoulder
elbow
arm
finger
hand
knee
leg
toe
foot

anorak
cardigan
T-shirt
dress
blouse
We're going on holiday.
pullover
I like Africa.
shirt
skirt
gloves
shorts
cap
shoes
boots
socks
scarf
jeans
swimming trunks
swimming costume
sandals

one 

two 

three 

four 

five 

six 

seven 

eight 

nine 

ten 

eleven 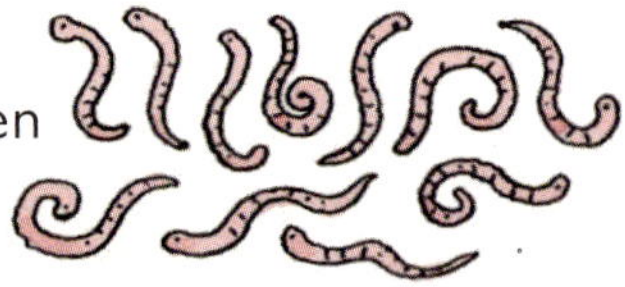

twelve 

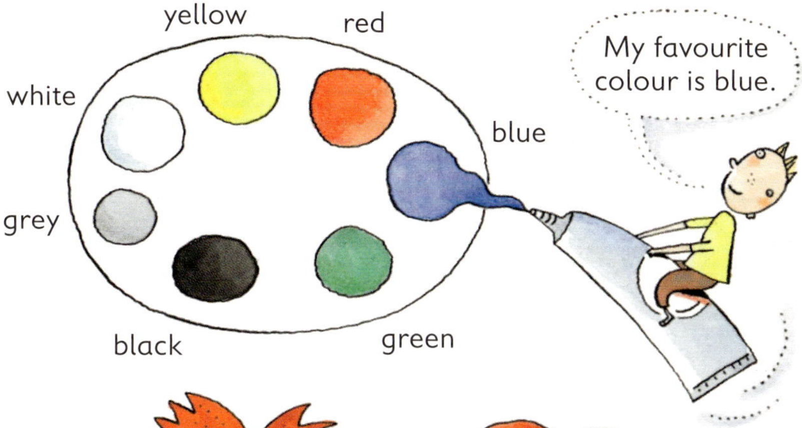

happy 

 sad

big 

 small

hot 

 cold

new 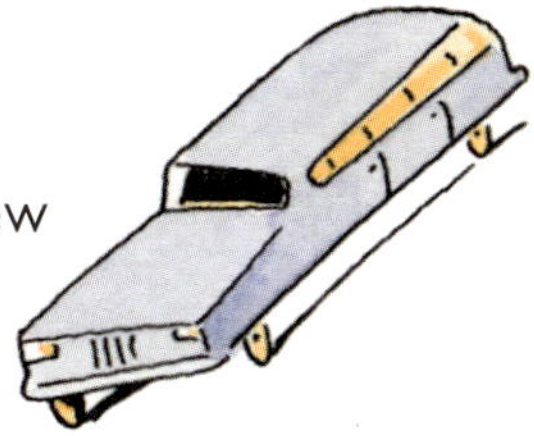

 old

MONDAY TUESDAY
WEDNESDAY THURSDAY
FRIDAY
SATURDAY
SUNDAY
What did you do on Saturday, Tom?
I went to the cinema.
Can I borrow your rubber, please?
Yes, you can.

ONE WEEK AT SCHOOL
board
book
pen
chalk
rubber
pencil
exercise book
scissors
ruler
paper plane
felt tip
chair
table
school bag
desk
pupil
teacher

Let's go to the lions now.
I like the monkeys. Monkeys are fun.
I like the small monkey best.
ZOO

Zoo animals:

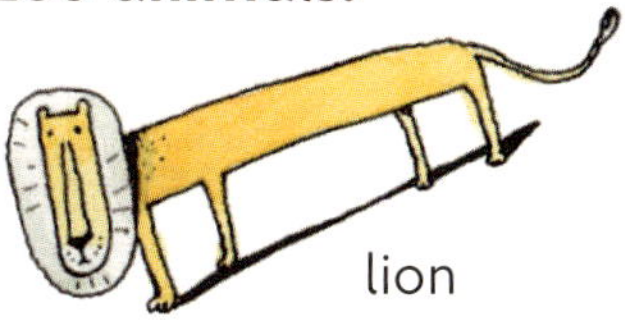
lion

bear

elephant

horse

hippo

monkey

Pets:

guinea pig

hamster

rabbit

mouse

fish

budgie

The lion goes to the swimming pool*

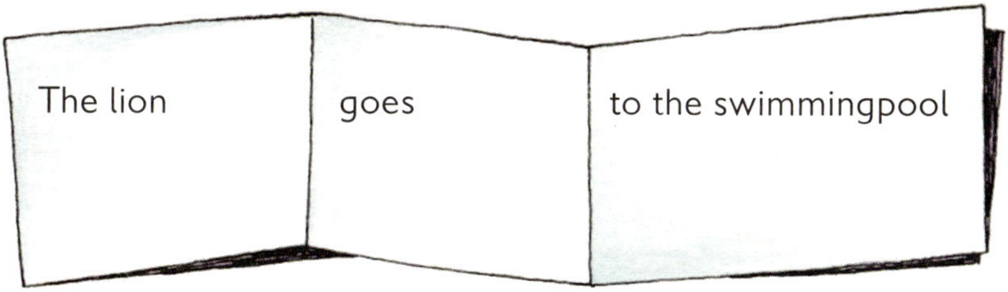

* Dieses Spiel ist so ähnlich wie „Onkel Fritz sitzt in der Badewanne“. Unterschiedliche Kinder schreiben nacheinander (verdeckt) in die 1. Spalte ein Tier, in die 2. Spalte, was das Tier tut, und in die 3. Spalte, wo es ist. Kein Kind weiß, was das andere geschrieben hat. So bildet ihr lustige Sätze.

FISH & SEAFOOD
FARMER'S BEST
MILK · EGGS · DAIRY PRODU
BREAD · HONEY · HOMEMADE
Fruits & Vegetables
I want a pineapple, please.
OK. Let's buy a pineapple.

apple

banana

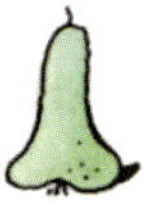
pear

orange

grapefruit

lemon

pineapple

kiwi fruit

strawberry

tomato

mushroom

carrot

green pepper

lettuce

potato

onion

cucumber

honey

jam

cornflakes

sugar

egg

bread

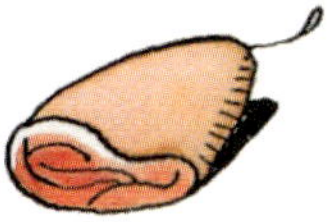
ham

milk

cheese

butter

yoghurt

Mummy, where are my in-line skates?
I don't know. Look under your bed.
Memory

bed
desk
chair
shelves
window
wardrobe
door
lamp
alarm clock
computer
television
radio
magazine
CD-player
MEMORY
game
football
in-line skates

CENTRAL STATION
I go to school by bus, and you?
NOW PLAYING
BUS STOP
SUPERMARKET

house

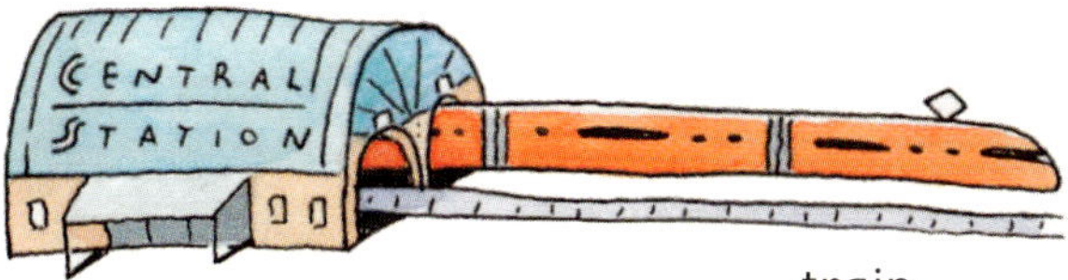

station

train

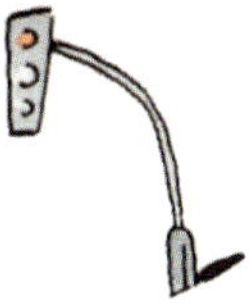

traffic lights

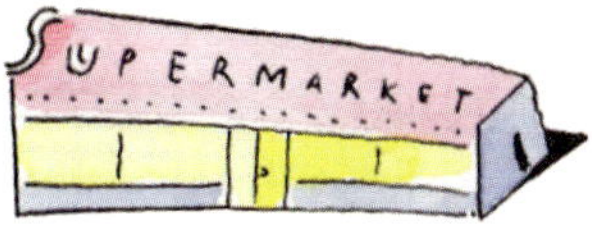

supermarket

post office

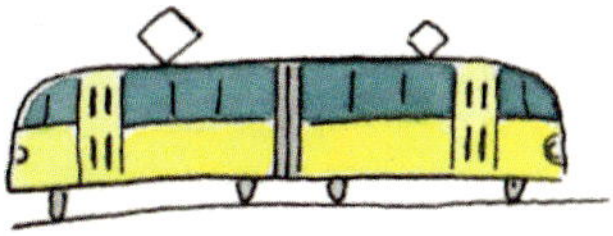

tram

bus stop

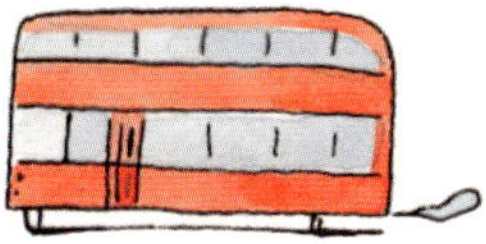

bus

school

cinema

church

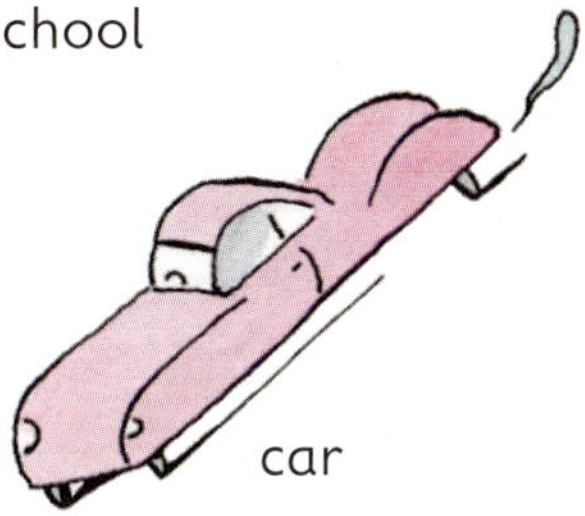

car

bike

policeman

Hello, everybody.
Hi, Tina. How are you?
Fine.
Goodbye. (Bye-bye.)
Let's go.
Have a nice day.
Good morning.
Good afternoon.
Good evening.
Good night.

Please.
Thank you.
What's that?
What's the time?
It's five o'clock.
Excuse me, where's the station?
It's over there.
Oi, what are you doing?
I'm sorry.
How old are you?
I'm eight years old.

spring
(March, April, May)
Easter

summer
(June, July, August)
holidays

autumn
(September, October, November)
Halloween

winter
(December, January, February)
Christmas

Have you got a wish?

I want to live in a castle.
I want to stop the war.
I want to fly to the moon.
I want to travel to Australia.
I want to play with a dolphin.
I want to walk to the North Pole.

stand up

turn around

sing

listen to the CD

make a circle

draw a cat

sit down

look at the board

A

Abend	*evening*
Affe	*monkey*
alt	*old*
Ampel	*traffic lights*
Ananas	*pineapple*
Anorak	*anorak*
Apfel	*apple*
Apfelsine	*orange*
April	*April*
Arm	*arm*
Auf Wiedersehen!	*Goodbye!*
Auge	*eye*
August	*August*
Auto	*car*

B

Badeanzug	*swimming costume*
Badehose	*swimming trunks*
Bahnhof	*station*
Banane	*banana*
Bär	*bear*
Bein	*leg*
Bett	*bed*
Birne	*pear*
bitte	*please*
Blätter	*leaves*
blau	*blue*
Bleistift	*pencil*
Blume	*flower*
Bluse	*blouse*
Brot	*bread*
Bruder	*brother*
Brust	*chest*
Buch	*book*
Bus	*bus*
Bushaltestelle	*bus stop*
Butter	*butter*

C

CD-Spieler	*CD player*

D

danke	*thank you*
Delphin	*dolphin*
Dezember	*December*
Dienstag	*Tuesday*
Donnerstag	*Thursday*
Drachen	*kite*

E

Ei	*egg*
Eis	*ice*
Eiskrem	*ice cream*
Elefant	*elephant*

Ellbogen	*elbow*
Entschuldigung	*sorry*
Erdbeere	*strawberry*
Essen, Lebensmittel	*food*

F

Fahrrad	*bike*
Familie	*family*
Farbe	*colour*
Februar	*February*
Fee	*fairy*
Fenster	*window*
Ferien	*holiday*
Fernseher	*television*
Filzstift	*felt tip*
Finger	*finger*
Fisch	*fish*
Flugzeug	*(air)plane*
Frage	*question*
Freitag	*Friday*
Früchte	*fruit*
Frühling	*spring*
Füller	*pen*
Fuß	*foot*
Fußball	*football*

G

Gefühl	*feeling*
Geist	*ghost*
gelb	*yellow*
Gesicht	*face*
glücklich	*happy*
grau	*grey*
groß	*big*
Größe	*size*
Großmutter	*grandmother (grandma)*
Großvater	*grandfather (grandpa)*
grün	*green*
Gurke	*cucumber*
gut	*good*

H

Haar	*hair*
Hals	*neck*
Hamster	*hamster*
Hand	*hand*
Handschuhe	*gloves*
Haus	*house*
Haustier	*pet*
Heft	*exercise book*
heiß	*hot*
Hemd	*shirt*
Herbst	*autumn*

Hexe	*witch*
Honig	*honey*
Hund	*dog*

J

Jacke	*jacket*
Jahreszeit	*season*
Januar	*January*
Jeans	*jeans*
Joghurt	*yoghurt*
Juni	*June*
Juli	*July*

K

kalt	*cold*
Kaninchen	*rabbit*
Kartoffel	*potato*
Käse	*cheese*
Katze	*cat*
Kino	*cinema*
Kirche	*church*
Kiwi	*kiwi fruit*
Kleid	*dress*
Kleidung	*clothes*
klein	*small*
Knie	*knee*
Kopf	*head*
Körper	*body*
Kreide	*chalk*
Krieg	*war*
Kürbis	*pumpkin*

L

Lampe	*lamp*
Lebensmittel, Essen	*food*
Lehrer(in)	*teacher*
Lineal	*ruler*
Lippe	*lip*
Löwe	*lion*

M

Mai	*May*
Marmelade	*jam*
März	*March*
Maus	*mouse*
Meer-schweinchen	*guinea pig*
Milch	*milk*
Millionär	*millionaire*
Mittwoch	*Wednesday*
Möhre	*carrot*
Mond	*moon*
Montag	*Monday*
Morgen	*morning*
Mund	*mouth*
Mutter	*mother (mum, mummy)*
Mütze	*cap*

N

Nachmittag	*afternoon*
Nacht	*night*
Nase	*nose*
Nebel	*fog*
Nest	*nest*
neu	*new*
Nilpferd	*hippo*
Nordpol	*North Pole*
November	*November*

O

Ohr	*ear*
Oktober	*October*
Osterei	*Easter egg*

P

Pampelmuse	*grapefruit*
Papierflieger	*paper plane*
Paprika (grün)	*green pepper*
Pferd	*horse*
Pilz	*mushroom*
Polizist	*policeman*
Post	*post office*
Pullover	*pullover*

R

Radiergummi	*rubber*
Radio	*radio*
Regal	*shelves*
Regen	*rain*
Rock	*skirt*
rot	*red*

S

Salat	*lettuce*
Samstag	*Saturday*
Sandalen	*sandals*
Schal	*scarf*
Schauer	*shower*
Schere	*scissors*
Schinken	*ham*
Schlitten	*sledge*
Schloss	*castle*
Schmetterling	*butterfly*
Schneeball	*snowball*
Schneeflocke	*snowflake*
Schneemann	*snowman*
Schrank	*wardrobe*
Schreibtisch	*desk*
Schuhe	*shoes*
Schule	*school*
Schüler(in)	*pupil*
Schultasche	*school bag*
Schulter	*shoulder*
schwarz	*black*
Schwester	*sister*
September	*September*

Shorts	*shorts*
Socken	*socks*
Sohn	*son*
Sommer	*summer*
Sommer-sprossen	*freckles*
Sonnabend	*Saturday*
Sonnenschein	*sunshine*
Sonntag	*Sunday*
Spiel	*game*
Stadt	*town*
Stiefel	*boots*
Straßenbahn	*tram*
Strickjacke	*cardigan*
Stuhl	*chair*
Supermarkt	*supermarket*

T

Tafel	*board*
Tag	*day*
Tier	*animal*
Tisch	*table*
Tochter	*daughter*
Tomate	*tomato*
traurig	*sad*
T-Shirt	*T-shirt*
Tür	*door*

V

Vater	*father (dad, daddy)*
Vogel	*bird*

W

Wecker	*alarm clock*
Weihnachten	*Christmas*
Weihnachts-baum	*Christmas tree*
weiß	*white*
Wellensittich	*budgie*
Wetter	*weather*
Winter	*winter*
Woche	*week*
Wolke	*cloud*
Wunsch	*wish*

Z

Zahl	*number*
Zahn	*tooth*
Zauberer	*wizard*
Zeh	*toe*
Zeitschrift	*magazine*
Zimmer	*room*
Zitrone	*lemon*
Zucker	*sugar*
Zug	*train*
Zunge	*tongue*
Zwiebel	*onion*

Lösungen zu den Aufgaben der Seiten 24 bis 37

12. Alessandra, Beate, Claudia, Daniela, Elli, Frank, Georg
35. Ober, Ofen, Ohr, Oma, Onkel, Ort, Osten, Otto, Ozean
14. Lehmann, Meier, Posser, Seiler, Wagner, Zander
34. Eber, Efeu, Eheleute, Eisen, Ekel, Elli, Ente, Erde, Esel
15. Auto, Bauch, Finger, Großeltern, Hund, Luft, Nase, Opa, Radio, Wind
44. Kaninchen, Nagel, Eisen
31. Finger 49, Bauch 40, Kopf 56, Bein 40, Fuß 50
13. Giovanna, Inge, Jan, Katrin, Lisbeth, Mehmet, Nadine
33. Augen 39, Ohren 62, Hals 52, Haare 52, Mund 61, Kopf 56, Nase 61
46. Alle Wörter außer „andere“ werden großgeschrieben.
23. EIS, KINO, LEHRERIN, NAMEN, ORT, PAPA, ZUG; Lösungswort: SONNTAG
30. Puppe, Quatsch, Regen, Suppe, Treppe, Uhr, Wind, Zahn
42. braun, groß, krank, lieb, dick, frech, froh, klein, lustig
19. Bett, Dorf, Ferien, Gemüse, Hand, Jahr, Mädchen, Puppe, Radio, Zahn
39. Decke, Dezember, Donnerstag, Eimer, Ente, Eule, Ferien, Flugzeug, Geschenk
45. Ampel, Topf, Bahn, Uhr, Bus, Messer, Schlüssel, Auto, Cent

Lösungen zu den Aufgaben der Seiten 82 bis 89

1. Backe, baden, Bagger, Bahn, bald, Banane, Barren, Bast, Bauer, Bayern
17. Diese Grundformen musst du suchen: schneiden, bringen, schlafen, essen, rufen, stehlen, fahren, sitzen, essen.
5. Bank, Barsch, Batterie, Christ, Dame, Deich, Dialekt, Dieb, Dynamo, Fessel
13. Richtige Seitenzahl bei „ausquetschen“.
3. „Kupfer“ muss nach „Kreis“ stehen.
18. Zirkusclown 127, Musikinstrument 25, Tigerdompteur 101, Sturmflut 84
4. „Passen“ muss vor „Quark“ stehen, „rund“ nach „Rummel“.
12. Falsche Seitenzahlen bei „Knirpse“ und „Ponys“.
16. Fehler bei „durchbohren“ und „Werkzeugmaschine“.
2. lachen, Lack, Laden, Lager, lahm, Lampe, lang, Lappen, lassen, Latte

ABC-Freunde
Wörterbuch für die Grundschule 1–4

von Stefan Nagel, Gerhard Sennlaub, Christine Szelenko,
Edmund Wendelmuth †, Ruth Wolt

unter Mitarbeit von Simone Adler (Pirna), Margit Engler (Berlin),
Johanna Hochstetter (Berlin), Elke Liebrenz (Girbigsdorf),
Sabine Seidler (Hirschfeld), Heike Sohra (Ronneburg),
Christel Wassner (Zehren) und der Cornelsen Redaktion Primarstufe.

Redaktion: Ute Kister
Layoutkonzept und technische Umsetzung: Lisa Neuhalfen
Illustrationen: Uta Bettzieche, Barbara Schumann, Tanja Székessy

Ausgezeichnet als „Schönstes Buch“ von der
Stiftung Buchkunst im Wettbewerb 2004.

www.vwv.de

1. Auflage, 14. Druck 2011

Dieses Werk berücksichtigt die Regeln der reformierten Rechtschreibung und Zeichensetzung.

Alle Drucke dieser Auflage sind inhaltlich unverändert
und können im Unterricht nebeneinander verwendet werden.

Druck: Parzeller Druck- und Mediendienstleistungen, Fulda

ISBN 978-3-06-101792-7
ISBN 978-3-06-080266-1 (Ausgabe mit CD-ROM)

Inhalt gedruckt auf säurefreiem Papier aus nachhaltiger Forstwirtschaft.